Wolfgang Schmidt-Scharff

Wirkungen der mora accipiendi des Käufers

Nach gemeinen und nach Handels-Recht

Wolfgang Schmidt-Scharff

Wirkungen der mora accipiendi des Käufers
Nach gemeinen und nach Handels-Recht

ISBN/EAN: 9783743438569

Hergestellt in Europa, USA, Kanada, Australien, Japan

Cover: Foto ©Suzi / pixelio.de

Manufactured and distributed by brebook publishing software (www.brebook.com)

Wolfgang Schmidt-Scharff

Wirkungen der mora accipiendi des Käufers

Wirkungen

der

mora accipiendi des Käufers.

Nach gemeinem und nach Handels-Recht.

Inaugural-Dissertation
zur
Erlangung der juristischen Doktorwürde
der
juristischen Fakultät der Georg-August-Universität zu Göttingen

vorgelegt von

Wolfgang Schmidt-Scharff.

Frankfurt a. M.
1891.
Druck von Gebrüder Knauer.

Inhaltsverzeichnis.

A. Einleitung.

		Seite
§ 1.	. . . .	1
§ 2.	mora accipiendi .	1

B. Ausführung.

I. Teil. Gemeines Recht.

a. Das Preisgebungsrecht.

§ 3. 1) Quellenmässige Begründung 3
§ 4. 2) Wesen, Voraussetzungen, Wirkung und heutige Geltung des Preisgebungsrechtes 11
§ 5. b. Das Verkaufsrecht 15

c. Das Depositionsrecht.

§ 6. 1) Deposition 18
§ 7. 2) Wesen und Wirkungen der Deposition . 24
§ 8. d. Klage auf Abnahme 29
§ 9. e. Anwendbarkeit vorstehender Rechte 33
§ 10. f. Die Rechte nach dem Entwurf eines bürgerlichen Gesetzbuchs für das deutsche Reich 36

II. Teil. Handelsrecht.

§ 11. a. Geltung des gemeinen Civilrechts neben dem Handelsrecht . 37
§ 12. b. Berechtigung des Verkäufers zur Aufbewahrung der nicht abgenommenen Ware 41

		Seite
§ 13.	c. Depositionsrecht	44
	d. Der Selbsthilfeverkauf.	
§ 14.	1) Wesen desselben	47
§ 15.	2) Arten und Voraussetzungen des Verkaufs	48
§ 16.	3) Gegenstand des Verkaufs	55
§ 17.	4) Ort des Verkaufs	56
§ 18.	5) Zeit des Verkaufs	58
§ 19.	6) Wirkungen des Selbsthilfeverkaufs und Rechtsverhältnisse nach Vollzug desselben	58
§ 20.	7) Folgen des nicht formgerechten Selbsthilfeverkaufs . . .	62
§ 21.	e. Anwendbarkeit der nach Handelsrecht zustehenden Rechte	65

C. Schluss.

§ 22. Vergleich zwischen gemeinem und Handelsrecht 67

Alphabetisch geordnetes Litteraturverzeichnis.

Anschütz und v. Völderndorff, Kommentar zum Handelsgesetzbuch Bd. II. 1874.
Auerbach, das neue deutsche Handelsgesetzbuch. II. Teil. 1865.
Barkhausen, Klage auf Abnahme in Goldschmidts Zeitschr. Bd. XXX S. 30/58.
Baron, Pandekten. 6. Aufl. 1887.
Bayerischer Entwurf eines bürgerlichen Gesetzbuchs. München 1861.
Bechmann, der Kauf nach gemeinem Recht. Erlangen 1876.
Brinkmann, Handelsrecht. Heidelberg 1853. 1860.
Conze, Kauf nach hanseatischen Quellen. In. Aug. Diss. Bonn 1889.
Dernburg, Pandekten. 2. Aufl. 1888. 1889.
Dernburg, Lehrbuch des preuss. Privatrechts. Bd. II. 4. Aufl. 1888.
Dresdener Entwurf eines Gesetzes über Schuldverhältnisse. Herausgegeben von Francke. Dresden 1866.
Endemann, Handelsrecht. 2. Aufl.(!) 1868.
Entwurf eines Handelsgesetzbuchs für Preussen. Nebst Motiven. Berlin 1857. 1859.
Entwurf eines bürgerlichen Gesetzbuchs für das deutsche Reich. 1888.
Ernst, die rechtshistorische Begründung der mora. Winterthur 1882.
Gad, Handbuch des Handelsrechts. I. Teil. 1863.
Gareis, in Endemanns Handbuch des Handelsrechts. Bd. II. 1882.
Gareis, das deutsche Handelsrecht. 3. Aufl. 1888.
Goldschmidt, Handbuch des Handelsrechts. 2. Aufl. Bd. I. 1875. Bd. II. 1883. Dazu 1. Aufl. 1868. Bd. I Abth. 2 (die §§ von 65 an beziehen sich auf die erste Auflage).
Goldschmidt, in Goldschmidts Ztschr. Bd. 30. S. 58/59.
Glück, Pandekten. Bd. XVII.
Grimm, deutsche Rechtsaltertümer. Göttingen 1828.
Grimm, Weistümer. Göttingen. Bd. I. u. II. 1840.
v. Hahn, Kommentar zum Handelsgesetzbuch. Bd. II 2. Aufl. 1875.
Hoffmann, über das periculum beim Kauf. Wien 1870.
Hoffmann, im Archiv für praktische Rechtswissenschaft. N. F. Bd. III. No. 7.
v. Ihering, Jahrbücher für Dogmatik. Bd. IV.
v. Ihering, Scherz und Ernst in der Jurisprudenz. Leipzig 1885.
v. Keller, Pandekten. 1866.

Keyssner, Allgemeines deutsches Handelsgesetzbuch. Stuttgart 1876.
Koch, Recht der Forderungen (nach gemeinem und preuss. Recht) Bd. II. Breslau 1840.
Kohler, Annahme und Annahmeverzug. Jahrbuch für Dogmatik. Bd. XVII.
Kosack, Handelsrecht. 1888.
Ladenburg, in Goldschmidts Ztschr. Bd. 3.
Lamprecht, Verzug beim Kauf. In Busch Arch. f. Handelsrecht N. F. Bd. I.
Lörsch und Schröder, Urkunden zur Geschichte des deutschen Privatrechts. Bd. I. 2. Aufl. Bonn 1881.
v. Madai, die Lehre von der mora. Halle 1837.
Makower, Kommentar zum Handelsgesetzbuch. 10. Aufl. 1890.
Mandry, der civilrechtliche Inhalt der Reichsgesetze. 3. Aufl. 1885.
Mommsen, Beiträge zum Obligationenrecht. Bd. III. Leipzig 1855.
Motive zum Entwurf eines bürgerl. Gesetzbuchs für das deutsche Reich. Bd. II. 1888.
Mühlenbruch, Pandekten. Bd. II. 1841.
Muther, Sequestration und Arrest. Leipzig 1856.
Osterreichisches bürgerliches Gesetzbuch. Wien 1860.
Pauli, im Hamburger neuen Arch. für Handelsrecht. Bd. III.
Pernice, Marcus Antistius Labeo. Bd. I.
Protokolle der Kommission zur Beratung eines allgemeinen deutschen Handelsgesetzbuchs. Herausgegeben von Lutz. 1858.
Puchelt, Kommentar zum Handelsgesetzbuch. Bd. II 3. Aufl. 1885.
Puchta, Institutionen. 8. Aufl. 1875.
Rautmann, Rechte des Verkäufers bei mora accipiendi des Käufers nach gemeinem und Handelsrecht. In. Aug. Diss. Göttingen 1889.
Regelsberger, über das Recht zum Rücktritt vom Kaufgeschäft wegen Verzugs in der Erfüllung, im Arch. für civil. Praxis. Bd. 50.
Riesser, zur Revision des Handelsgesetzbuchs. Bd. II. 1889.
Römer, Abhandlungen aus dem römischen, Handels- und Wechselrecht. Heft 1. Stuttgart 1877.
Sächsisches bürgerliches Gesetzbuch vom 2. Januar 1863.
v. Schey, Begriff und Wesen der mora creditoris. 1884.
Schömann, die Lehre vom Schadensersatz. II. Teil. 1806.
Schweizer Obligationenrecht, von Schneider und Fick. 2. Aufl. 1883.
Schweppe, das römische Privatrecht in seiner Anwendung auf deutsche Gerichte. Bd. III. 1831.

Seuffert, Praktisches Pandektenrecht. Bd. II. 1852.
Sinteuis, Praktisches Civilrecht. Bd. II. Leipzig 1847.
Stryk, Usus modernus Pandectarum. Continuatio altera. editio sexta. 1735.
Thöl, Ausgewählte Entscheidungen des OAG. zu Lübeck. 1857.
Thöl, Handelsrecht. 6. Aufl. 1865.
Ulrich, Deposition und Dereliktion. In. Aug. Diss. Zürich 1877.
v. Vangerow, Pandekten. 7. Aufl. Marburg, Leipzig 1869.
Voigt, das Jus naturale. Bd. III. Leipzig 1875.
Wächter, Handelsrecht. Bd. I. 1865.
Weiske, Rechtslexikon. Bd. III.
Windscheid, Pandekten. 6. Aufl. 1887.
Wolff, zur Lehre von der mora. Göttingen 1841.
Wolff, der Kaufkontrakt nach den Bestimmungen des Handelsgesetzbuchs in Löhrs Zentralorgan. N F. Bd. I 1865.
Zimmern, im Archiv für civilistische Praxis. Bd. III.

Druckberichtigung.

Seite 1 § 1 Zeile 2 lies „facti" statt „facti-" (Bindestrich weg).
„ 19 Zeile 7 von unten lies „cimeliarchio" statt „cimelarchio".
„ 27 Zeile 11 von oben lies „σφραγίδας" statt "σφραγίδας".
„ 36 § 10 Zeile 10 von unten lies „§ 273 Abs. 1" statt „§ 273 Abs. 2".
„ 44 § 13 Absatz 2 Zeile 2 lies „Specieskaufes" statt „Kaufes".
„ 53 Zeile 11 lies „vorsichtshalber" statt „versichtshalber".
„ 57 Zeile 10 von unten lies „an dem" statt „in dem".
„ 66 letzte Zeile ist vor „richtig" einzuschieben: „insoferne".

A. Einleitung.

§ 1.

„An mora facta intellegatur neque constitutione ulla neque iuris auctorum quaestione decidi posse cum sit magis facti quam iuris" sagt Antoninus Pius nach l 32 pr. D. 22, 1 d. h. es lassen sich die einzelnen Fälle des Verzugs nicht aufzählen. Der Verzug kann vorkommen bei jeder Obligation, und man hat juristisch nur die mora solvendi von der mora accipiendi unterschieden. Während aber erstere bei allen Arten von Obligationen häufig eintritt, ist letztere seltener und findet ihre Hauptanwendung nur beim Kauf, und auch hier weniger auf Seiten des Verkäufers, da die Annahme des Geldpreises dem Verkäufer in der Regel weder Mühe noch Unannehmlichkeiten verursacht, während es nicht selten vorkommt, dass dem Käufer das Geschäft leid ist, und er deshalb gern zurücktreten möchte. Von dem letzteren Fall ausgehend, wollen wir die Frage untersuchen, welche Wirkungen eintreten, falls der Käufer sich in mora accipiendi befindet.[1])

Zunächst ist kurz auf den Begriff der mora accipiendi einzugehen.

§ 2.
Mora accipiendi.

Damit mora accipiendi eintritt, ist ein Doppeltes erforderlich. Einmal Anbieten der Erfüllung durch den Schuldner.[1]) Das Anbieten muss eine Realoblation sein, d. h. der Schuldner muss den zu leistenden Gegenstand thatsächlich anbieten,

---

§ 1. [1]) Welche Wirkungen gleichzeitige mora solvendi hat, liegt ausserhalb unserer Betrachtung, da es uns nur auf die Folgen des Annahmeverzugs ankommt.

§ 2. [1]) Windscheid, Pandekten II § 345.

oder er muss wenigstens im Augenblick des Angebots im Stande sein, über den Gegenstand zu verfügen. Eine Verbaloblation genügt blos, wenn der Käufer vorher ausdrücklich die Annahme verweigert hatte. Es muss die **ganze** Erfüllung angeboten sein, nicht nur eine teilweise.

Zweitens ist erforderlich Nichtannahme durch den Gläubiger, gleichgiltig ob sie auf culpa beruht oder nicht.[2])

Allgemeine Wirkung des Verzugs ist, dass der Schuldner nur für dolus und culpa lata haftet (l 5. 1 18 (17) D. 18, 6. l 9 D. 24, 3); eine Befreiung des Schuldners von der Obligation tritt nicht ein.[3])

Die unsere Materie betreffenden Bestimmungen haben ihre Grundlage wesentlich im römischen Recht. Wir müssen aber scheiden zwischen gemeinem und Handelsrecht; nach letzterem ist der Handelskauf zu beurteilen d. h. derjenige Kauf, der Handelsgeschäft ist: gemäss H. G. B. art. 271 Z. 1 ein solcher, der in der Absicht weiter zu veräussern geschieht. Wir beschäftigen uns zunächst mit dem **gemeinen** Recht.

---

[2]) Fritz, Erläuterungen zu v. Wening-Ingenheim II S. 357. Sintenis II S. 218. 221. Kohler, Jahrb. für Dogmatik XVII S. 409 ff.

[3]) Mommsen III § 30. Windscheid II § 346. — Auf die mora accipiendi ausführlicher einzugehen, ist nicht erforderlich, da durch die juristische Konstruktion derselben an ihren Wirkungen nichts geändert wird. Über die juristische Konstruktion verbreitet sich des längeren Rautmann, Rechte des Verkäufers bei mora accipiendi des Käufers nach gemeinem und Handelsrecht S. 9—19.

B. Ausführung.

I. Teil.

Das Preisgebungsrecht.

§ 3.

Quellenmässige Begründung.

Die Wirkungen, welche aus dem Annahmeverzug des Käufers entstehen, werden — ausser beim Handelskauf — lediglich durch die Regeln des römischen Rechts bestimmt. Im Deutschen Recht bot sich für eine mora accipiendi kein Anwendungsgebiet; denn nach deutschem Recht war der Kauf Baarvertrag, es musste Zug um Zug geleistet werden; solange der Preis noch nicht bezahlt war, war kein Kauf zu Stande gekommen.

In den Pandekten ist die wichtigste für unsere Arbeit in Betracht kommende Stelle die l 1. § 3. 4. D. 18. 6; dieselbe lautet:

„§ 3. Licet autem venditori vel effundere vinum, si diem ad metiendum praestituit nec intra diem admensum est: effundere autem non statim poterit, priusquam testando denuntiet emptori, ut aut tollat vinum aut sciat futurum, ut vinum effunderetur. Si tamen, cum posset effundere, non effudit, laudandus est potius: ea propter mercedem quoque doliorum potest exigere, sed ita demum si interfuit eius inania esse vasa in quibus vinum fuit (veluti si locaturus ea fuisset) vel si necesse habuit alia conducere dolia. Commodius est autem conduci vasa nec reddi vinum nisi quanti conduxerit ab emptore reddatur, aut vendere vinum bona fide: id est quantum sine ipsius incommodo fieri potest operam dare ut quam minime detrimento sit ea res emptori.

§ 4. Si doliare vinum emerit nec de tradendo eo quicquam convenerit, id videri actum, ut ante evacuarentur quam ad vindemiam opera eorum futura sit necessaria: quod si non sint evacuata, faciendum quod veteres putaverunt, per corbem venditorem mensuram facere et effundere: veteres enim hoc propter mensuram suaserunt, si, quanta mensura esset, non appareat, videlicet ut appareret, quantum emptori perierit."

Wenn also der Wein verkauft ist, und an dem zum Zumessen bestimmten Tage der Käufer nicht erschienen ist, so hat nach vorgängiger denuntiatio der Verkäufer das Recht den Wein auszugiessen; er ist berechtigt, denselben preiszugeben. Auf Grund dieser Stelle hat man dem Verkäufer bei mora accipiendi des Käufers in allen Fällen ein „Preisgebungsrecht" zugesprochen. Zunächst aber frägt es sich, ob wir es hier nicht etwa mit einer blos dem Weinkauf eigentümlichen Bestimmung zu thun haben. Madai[1]) sieht in dem Preisgebungsrecht eine Singularität des Weinkaufs. Er stützt sich einmal darauf, dass die l 1 § 3 in den Basiliken (T. VI, p. 672) unter dem Titel: „περὶ ἀγορασίας καὶ πράσεως οἴνου" steht. Demgegenüber bemerkt mit Recht Zimmern,[2]) dass das Beispiel des Weinverkaufs in dem Titel Dig. 18, 6 als das anschaulichste gebraucht werde und in der lex selbst kein Anhalt zu dieser einschränkenden Interpretation vorliege. Dann beruft sich Madai auf die l 8 D. 33, 6, in der Pomponius sagt, dass der Erbe, der ein in Wein bestehendes Damnationslegat schulde und den Wein bei Annahmeverzug des Legatars fortgiesse „periculose" handeln würde. — Durch das Damnationslegat erhält der Legatar einen obligatorischen Anspruch gegen den Erben; weil nun also bei dieser Obligation das Preisgebungsrecht als gefahrvoll hingestellt wird, beschränkt es Madai auf den Weinkauf.

---

§ 3. [1]) **Madai**, die Lehre von der Mora. S. 469—471.
[2]) **Zimmern**, Arch. für zivilistische Praxis. Bd. III, S. 130/131.

Den Widerspruch der letzteren Stelle mit l 1 § 3 D. 18, 6 hat man auf mannigfache Weise zu erklären gesucht. Einige Interpreten leugneten das Preisgebungsrecht gänzlich. Sie wollten in der Äusserung Ulpians nur einen Scherz sehen und stützten sich darauf, dass in l 1 § 4 das Messen „per corbem" geschehen solle. Bei Cujacius Obs. II c. 36 findet sich der Zusatz „ac si per scribum" d. h. „oder durch ein Sieb." Unter corbis ist aber nicht ein Korb, sondern ein Hohlmass zu verstehen.³) Stryk⁴) erklärt das effundere als Umgiessen in andere minder gute z. B. offene Gefässe. Jedoch abgesehen von der gezwungenen Deutung des Wortes effundere steht dieser Erklärung entgegen, dass im § 4 der l 1 D. 18, 6 ausdrücklich gesagt wird, es werde der Wein beim Ausgiessen gemessen, um zu konstatieren, wieviel dem Käufer zu Grunde gegangen sei (perierit.). Mommsen⁵) lässt den Widerspruch ungelöst, indem er die zwei Ansichten zurückweist, einmal diejenige, welche das Unterlassen einer denuntiatio als Grund für die Verweigerung des Preisgebungsrechtes in l 8 D. 33, 6 ansieht; ferner diejenige, welche einen Unterschied der im Verzugsfalle zustehenden Rechte bei einseitigen und gegenseitigen Obligationen, oder bei Vermächtnissen und Obligationen aus Verträgen machen will.⁶) Richtig erscheint uns die Ansicht Windscheids (Pand. II, § 346 Note 6), dass „eine mildere Meinung hier Ausdruck gefunden habe".

---

³) Glück, Pand. Bd. XVII, Note 42 S. 183.
⁴) Stryk, Bd. II, S. 444 Pandect. Lib. XVIII Tit VI: „ita autem licuisse vinum effundere, ut in totum periret, prout Schilterus existimat, vix persuaderi possum, sed ut effundere liceat, non in terram, sed in vasa alia vinaria, vel aperta, in quibus propter exhalationem spirituum vinum bonitatem quidem suam amittit, aliquis tamen usus eius adhuc remanet."
⁵) Mommsen, Beiträge zum Obligationenrecht Bd. III, § 32 S. 310 bis 311. Ebenso Ulrich, Deposition und Dereliktion S. 90.
⁶) Letzterer Ansicht ist Cohn (citiert bei Ulrich § 19 Note 20).

Wolff, Sintenis, Mommsen, Endemann, Bechmann, Ulrich, v. Schey und Windscheid[7]) erkennen ein allgemeines Recht des Schuldners an, sich bei Annahmeverzug des Gläubigers des Gegenstands der Obligation zu entledigen. Zum Beweise dieses Preisgebungsrechts führt man auch die l 13/15 D. 18, 6 an. Sie lautet:

l 13. Paulus: Lectos emptos aedilis cum in via publica positi essent, concidit: si traditi essent emptori aut per eum stetisset quo minus traderentur, emptoris periculum esse placet.

l 14. Julianus: eumque cum aedili, si id non iure fecisset, habiturum actionem legis Aquiliae: aut certe cum venditore ex empto agendum esse, ut is actiones suas, quas cum aedile habuisset, ei praestaret.

l 15. Paulus: Quod si neque traditi essent neque emptor in mora fuisset quo minus traderentur, venditoris periculum erit.

Die Auslegungen dieser Stelle sind sehr verschieden. Cujacius behauptete sogar auf Grund derselben, die Gefahr beim Kauf gehe erst mit der Tradition über; doch gab er später diese Ansicht wieder auf. Nach klarer römischer Lehre geht die Gefahr beim Kauf mit der Perfektion über, d. h. mit der Einigung der Kontrahenten über Preis und Ware.[8]) Hier aber ist die Gefahrtragung verschieden nach dem Moment der Tradition. Deshalb glaubte man in dem Satz: „cum positi essent" eine besondere Handlung sehen zu müssen. Ebenso wie in l 1 ist hier von einem Annahmeverzuge die Rede, und einem Hinausstellen der Kaufgegenstände; deshalb nahm man auch hier ein Preisgeben des Verkäufers an.[9]) Mommsen (III S. 310) verlangt analog der

---

[7]) Wolff, S. 488. Sintenis, Bd. II S. 214 Note 106. Mommsen S. 311 bis 312. Endemann, (2. Aufl.!) § 114 S. 574. Bechmann, Kauf nach gemeinem Recht. Bd. I § 82 Note 3. Ulrich, S. 86 zu Note 5. v. Schey, S. 30 Anm. 1. Windscheid, II § 346 zu Note 6. Vgl. auch die bei Madai § 64 Note 974 citierten.

[8]) l 8 pr. D. 18, 6. Windscheid II § 390 zu Note 4—9.

[9]) So Mommsen, III S. 310. Kohler, Jahrb. f. Dogm. XVII, S. 289. Thöl, Handelsrecht § 282 Note 19. Rautmann, S. 21. Note 3.

l 1 § 3, dass der Preisgebung eine denuntatio vorausgehe; wenn der Verkäufer letztere unterlassen habe, trage er die Gefahr des Untergangs der preisgegebenen Sache.

Treitschke [10]) sagt: „unstreitig ist hier von culpa die Rede". Er teilt aber die Verschuldung nach der Übergabe und bei Annahmeverzug dem Käufer zu, vor derselben dem Verkäufer. v. Ihering [11]) erklärt die gekauften Betten als „bestellte", den Kauf also als Genuskauf, für den die Entscheidung zutrifft. Er stützt sich darauf, dass auch l 14 § 1 D. 18, 6 einen Genuskauf behandle. Einen Genuskauf nehmen ferner die Glosse und Bekker [12]) an. Pernice [13]) sagt: „über die Schuldlosigkeit des Verkäufers, wo die Sache durch Eingreifen der Obrigkeit vernichtet war, ist kein Zweifel", und er bezieht sich auf l 43 § 1 D. 13, 7. [14]) Zwischen diesen beiden Stellen ist aber ein grosser Unterschied: in l 13 D. 18, 6 geht der Vernichtung durch die Obrigkeit eine Thätigkeit des Inhabers der Sache voraus; in l 43 aber nicht, hier nimmt der Quartiermacher die Säcke zum Fouragefassen fort und erst auf ausdrückliche Beschwerde des Sejus „instantia Seii" werden sie wieder erlangt.

Andere sehen in l 13 sq. D. 18, 6 gar kein Preisgebungsrecht, [15]) und diese Meinung ist unseres Erachtens die richtigere. Eine Preisgebung zu unterstellen gibt nämlich die lex gar keinen Anhalt; auch handelt es sich nicht um den Satz: periculum est emptoris, sondern um die Diligenzpflicht

---

[10]) Treitschke, Kaufkontrakt § 85 S. 308.

[11]) v. Ihering, Jahrb. f. Dogm. IV S. 415/417. Ebenso v. Vangerow III § 591 unter IV. 1.

[12]) Bekker, Jahrb. f. gem. Recht V, 381.

[13]) Pernice, M. Antistius Labeo I S. 463 Note 28.

[14]) l 43 § 1 D. 13, 7: Titius cum pecuniam mutuam accepit a Gaio Seio sub pignore culleorum: istos culleos cum Seius in horreo haberet, missus ex officio annonae centurio culleos ad annonam sustulit ac postea instantia Gaii Seii creditoris reciperati sunt: quaero, intertrituram, quae ex operis facta est, utrum Titius debitor an Seius creditor adgnoscere debeat, respondit secundum ea quae proponerentur ob id, quod eo nomine intertrimenti accidisset, non teneri.

[15]) Hofmann, das periculum beim Kaufe. S. 163/165. Ulrich, S. 80/82. v. Schey, S. 30 ff.

des Verkäufers, die an einem konkreten Beispiel erläutert wird. Die Stelle erklärt sich einfach, wenn man annimmt, das Hinausstellen der Bettladen sei culpa levi geschehen. Dann trifft der erste Satz zu, denn nach der Tradition und nach dem Annahmeverzug steht der Verkäufer nur für dolus und culpa lata ein.[16]) Bis zu derselben aber hat er ommis diligentia zu prästieren, in dieser ist culpa levis eingeschlossen, sodass er bei Verletzung dieser Diligenzpflicht haftet. Zutreffend führt Ulrich (§ 18 Note 15) aus, dass das Hinausstellen auf die Strasse durchaus nicht stets unberechtigt sein muss. Fraglich ist ja ob die Schreiner Gegenstände ihres Gewerbes auf die Strasse stellen durften.[17]) In der l. un § 4 D. 43, 10 ist nur zwei bestimmten Klassen von Handwerkern das Aufstellen vor der Werkstatt gestattet (dem κναφεὺς und dem τέκτων [18]) und auch diesen ausdrücklich nur unter der Bedingung, dass es den Wagenverkehr nicht hindere („ὥστε μὴ κωλύειν ἄμαξαν βαδίζειν"). Vielleicht wurde auch anderen das Hinausstellen gestattet, vielleicht bestimmten die Statuten der einzelnen Städte es verschieden. Deshalb sagt Ulpian: si id iure non fecisset, der Ädil kann in Überschreitung seiner Amtsbefugnis [19]) gehandelt haben. Nimmt man nun an, der Ädil sei berechtigt gewesen, so zu handeln, wie er es that, dann muss der Verkäufer in culpa levi gewesen sein, denn er konnte wissen, dass den auf die Strasse gestellten Waren die Vernichtung drohe. Da aber nach Tradition oder Annahmeverzug der Verkäufer nur für dolus und culpa lata haftet, trifft in vorliegendem Fall der culpa levi verursachte Untergang den Käufer. So die l 13. Vor

---

[16]) l 5 pr D. 18, 6. l 17 pr. eod. l 9 D. 24, 3. Hofmann, S. 163. Windscheid II § 265 Z. 1 u. 2. Wolff, § 44 S. 485.

[17]) Bei den Strassen der italischen Städte wie sie z. B. in Pompeji erhalten sind, hätte ein lectus die ganze Strasse versperrt. Aber dem gegenüber ist der Umstand zu berücksichtigen, dass bis in die Kaiserzeit das Fahren in Rom bei Tage verboten war: Mommsen, Staatsrecht I S. 393 Note 4.

[18]) κναφεὺς = fullo Walker, τέκτων = faber, Wagner.

[19]) Über die ihm zustehende cura urbis vgl. l 2 § 24 D. 43, 8 und Mommsen, Staatsrecht Bd. II § 495 Note 3. S. 506.

der Tradition aber haftet der Verkäufer für ommis culpa (l 3 D. 18, 6). So die l 15 pr.

In der eingeschobenen l 14 (13), einer Äusserung des Julian, wird dem Käufer, vorausgesetzt, dass der Ädil ohne Recht die Betten vernichtete, eine actio legis Aquiliae gegen den Ädil gegeben oder gestattet mittelst Kaufklage vom Verkäufer die Cession seiner Klage zu verlangen. Dies spricht zweifellos gegen eine Preisgebung seitens des Tischlers; denn, wenn eine Dereliktion vorläge, so würde der Tischler die actio legis Aquiliae nicht mehr haben. Warum sollte denn Julian zwei Klagen nach Wahl geben? Waren die Betten tradiert, so war der Käufer Eigentümer, also er zur actio legis Aquiliae berechtigt. War er im Annahmeverzug, so hatte er nur ein obligatorisches Recht auf die Sache, das ihm nicht die Anstellung der actio legis Aquiliae ermöglichte.[20]) Dies ergiebt sich auch aus l 13 u. 14 selbst; denn das „aut" ist disjunctiv, es scheidet die l 13 in zwei Fälle:

1. Die Betten waren tradiert,
2. Die Betten waren nicht tradiert infolge mora tradendi des Käufers. Dem entsprechen die Worte Julians, dessen Ausspruch durch das „aut" gleichfalls in zwei Teile zerlegt wird:

1. Der Käufer hat die actio legis Aquiliae gegen den Ädilen,
2. Der Käufer muss mit der actio emti den Verkäufer auf Cession von dessen Klage gegen den Ädil belangen. Aut certe heisst: „im zweiten Fall sicher". In beiden Stellen korrespondieren 1 und 2. Es ist deshalb auch nicht nötig anzunehmen, Julian gebe dem Käufer eine actio legis Aquiliae utilis[21]) und ebensowenig, Julian wäre etwa seiner Sache nicht recht sicher gewesen.

Aus der l 13 15 D. 18, 6 ergiebt sich also ein Preisgebungsrecht nicht. Dennoch ist das in der l 1 § 3 D. 18, 6 gegebene Recht als ein allgemeines zu betrachten. Aus der

---

[20]) Windscheid II § 455 Z. 4 und Note 17.
[21]) So Kohler, S. 321/322.

lex ist eine Beschränkung auf den Weinkauf nicht ersichtlich; es ist auch nicht erfindlich, warum beim Weinkauf besondere Grundsätze hätten gelten sollen. Möglich ist das Preisgeben eben so gut bei Öl, Getreide, Salz, Honig. In l 2 § 2 C. 4, 48 sagt Alexander (Severus) unter dem Titel de periculo et commodo rei venditae ausdrücklich ganz allgemein: „haec omnia locum habent non solum si vinum, sed etiam si oleum vel frumentum vel his similia venierint." Der Weinbau ist auch keineswegs eine Hauptbeschäftigung der Römer gewesen.

Ein anderes Zeugnis für das Preisgebungsrecht bietet uns das Catonische Weinkaufformular (Cato, de re rustica s. de agricultura c. 148): „locus vinis ad Kal. Oct. primas dabitur: si non ante deportaverit, dominus vino quod volet faciet." Ohne Zweifel ist unter diesem: „quod volet" das schlimmste für den Käufer, das Preisgeben, verstanden.[22])

Unseren heutigen Anschauungen mag wohl das Preisgebungsrecht widerstreben; es für die altrömische Zeit anzuerkennen, ist ganz unbedenklich. Es entspricht dem Charakter des römischen Rechts, welches das Recht des Individuums in seiner äussersten Ausdehnung zuliess. Man denke an das bekannte in partes secare der XII Tafeln.[23]) Gellius bemerkt dazu: „dissectum esse antiquitus neminem equidem legi neque audivi", und Ihering[24]) führt mit Recht aus, dass die Römer doch viel zu egoistisch und schlau gewesen sein würden, um ein solches Verfahren thatsächlich auszuüben, die strenge Bestimmung des secare sei nur ein Pressionsmittel gewesen, um eine rasche anderweitige vernünftige

---

[22]) Vgl. Goldschmidt, Zeitschrift für Handelsrecht. Bd. XXX. S. 58.
[23]) Bruns, fontes tab. III. 7. S. 20. Eine ganz ähnliche Bestimmung findet sich im alten deutschen Recht; der Gläubiger darf den insolventen Schuldner „vor gericht führen und seinen freunden entbieten ihn von der Schuld zu lösen". Geschieht dies nicht, so kann der Gläubiger „von ihm hauen, was er will, oben oder unten." Grimm, deutsche Rechtsaltertümer S. 617. S. überhaupt Kohler, Shakespeare vor dem Forum der Jurisprudenz.
[24]) v. Ihering, Scherz und Ernst. Abthlg. II, No. IV.

Regelung herbeizuführen.²⁵) Ähnlich hat es sich auch wohl mit dem Preisgebungsrecht verhalten. Denn kein Schriftsteller berichtet davon, obgleich ein solches Recht, falls wirklich ausgeübt, wohl der Erwähnung wert gewesen wäre. Noch mehr an Wahrscheinlichkeit gewänne unsere Auffassung, wenn dieses Recht bereits zur Zeit der XII Tafeln bestanden hätte und in denselben enthalten gewesen wäre, wie Voigt, ius naturale III S. 722 vermutet. Es liesse sich dafür auch anführen, dass Ulpian bei dem Messen und Preisgeben hinzufügt: „quod veteres putaverunt." Von Andern aber wird das Recht auf eine Vertragsklausel zurückgeführt, deren Bestimmungen durch häufige Anwendung die Geltung eines Gewohnheitsrechts erlangt hätten. So Goldschmidt in seiner Ztschr. Bd. XXX S. 58/59. Da die Quellen indessen nach keiner Richtung hin einen Anhalt geben, so lässt sich eine Entscheidung nicht fällen.

§ 4.
Wesen, Voraussetzungen, Wirkung und heutige Geltung des Preisgebungsrechts.

Die meisten Schriftsteller sehen in der Preisgebung eine Dereliktion. So auch Ulrich. In § 1, Note 5 sagt er aber, „dass er unter Dereliktion auch das Preisgeben durch den Nichteigentümer verstehe." Das ist willkürlich und quellenwidrig. Dereliktion ist „die (in der Behandlung der Sache äusserlich auch hervortretende) Aufgabe des Eigentums durch den Eigentümer."¹) Um so gerechtfertigter erscheint deshalb der Angriff, welchen Kohler gegen diese Auffassung richtete. Er sieht in dem Preisgeben eine „Traditionsofferte" (S. 311/322). Madai²) erklärt es für „Notdeposition". Jedoch

---

²⁵) Vgl. auch die Haussuchung: nackt cum lance et licio; das ius talionis beim membrum ruptum nach den XII Tafeln.

§ 4. ¹) Windscheid I, § 191 zu Note 1, vgl. auch Dernburg, Pand. I, § 223, 1 2 pr. D. 41, 7. § 47 J. 2, 1.

²) Madai, S. 470 Note 988, dagegen Mommsen III § 32. Note 10.

erscheinen uns solche Konstruktionen für das römische Recht zu kunstvoll. Unserer Meinung nach ist in dem Preisgeben eine Dereliktion zu sehen, aber eine solche im streng juristischen Sinn; so scheinen sie auch die Quellen verstanden zu haben. Einen zeitlichen Unterschied zwischen der Handlung des tradere und accipere (Übergabe und Annahme) haben die Römer nicht gekannt, wenigstens existiert er in l 1 § 3. D. 18, 6 nicht. Bei dem Kauf Zug um Zug, welcher der ursprüngliche ist, ist das ganz natürlich. Bei dem Kaufe nach Mass erfolgt die Übergabe und Abnahme durch das Zumessen. Der Wein ist in l 1 § 3. 4. noch nicht tradiert, darauf weist auch der Satz in § 4 hin: „nec de tradendo vino quicquam convenerit." Auch in l 5 D. 45, 8 und l 86 § 2 D. 30 wird kein Unterschied gemacht; es heisst da: „traditam rem accipere." Dem Wortlaut nach könnte man allerdings meinen, die beiden Akte lägen zeitlich auseinander; doch die lex ergiebt, dass etwas ganz anderes darunter verstanden ist. Es handelt sich um den Erwerb für den Herrn durch den Sklaven, qui traditam rem accepit; davon wird unterschieden der Erwerb durch den Sklaven, qui stipulatus est, und dies zeigt klar, dass es heisst: „sich tradieren lassen." L 3. § 4 D. 19, 1 sagt: „mora [emtoris] videtur esse, si nulla difficultas venditorem impediat, quominus traderet, praesertim si omni tempore paratus fuit tradere."[3]) Da also im Falle der l 1 § 3. 4. D. 18, 6 eine Tradition nicht stattgefunden hat, so ist der Verkäufer auch noch Eigentümer der verkauften Ware. Ebensowenig findet sich in l 13'15 D. 18, 6 ein Unterschied zwischen tradere und accipere; auch hier lautet der Text: aut per emptorem stetisset quominus traderentur; und es wäre rein willkürlich, nach den Worten: si traditi essent ein: neque accepti essent hinzuzudenken. Auch ist die Annahme, der Wein sei vielleicht durch Signierung tradiert worden, durch die direkte Entscheidung des Labeo und Ulpian in l 1 § 2. D. 18, 6 ausgeschlossen. Man muss also daran festhalten, dass in der l 1 von einer

---

[3]) Vgl. Schömann, Lehre vom Schadensersatz. II. S. 12/17.

mora accipiendi die Rede ist, der keine Tradition vorausging. Dies ist für die Beurteilung der rechtlichen Natur des effundere wesentlich, denn eben dadurch, dass der Verkäufer sein Eigentum an dem Wein aufgiebt, stellt sich diese Handlung als Dereliktion dar. Würde man annehmen, die Stelle spräche ohne Unterschied von erfolgter und von nicht erfolgter Tradition, so gäbe in ersterem Fall der Verkäufer eine Sache preis, an der er kein Eigentum hätte, und Dereliktion wäre unmöglich. Im Laufe der Zeit mag sich die Möglichkeit einer zeitlichen Differenz zwischen Tradition und Abnahme entwickelt haben; aber man darf nicht deshalb das sich aus 1 1 § 3 ergebende Recht ohne Unterschied anwenden wollen. Denn die Gestattung des Preisgebungsrechtes hat die natürliche Voraussetzung, dass das Eigentum an der Ware nicht auf den Käufer übergegangen sein dürfe.

Da die Ausübung des Preisgebungsrechts also durch Dereliktion erfolgt, so ist erforderlich, dass das Aufgeben des Eigentums auch deutlich hervortrete. So, um das in § 48 J. 2, 1 angeführte Beispiel anzuwenden: wenn der Kaufgegenstand vom Wagen herunterfällt, wird keine Dereliktion vorliegen, wohl aber wenn der Eigentümer ihn herunterwirft.

Als besonderes Erfordernis der Preisgebung wird in 1 1 § 3 D. 18, 6 eine denuntiatio verlangt d. h. eine Ankündigung, man werde, wenn der Käufer den Wein nicht abhole, denselben ausgiessen. Da die Stelle einen allgemeinen Grundsatz enthält, so ist die Androhung auch in allen anderen Fällen zur Wirksamkeit des Preisgebungsrechtes erforderlich. Unterlässt der Verkäufer dieselbe, so bleibt er trotz der Preisgebung nach wie vor auf die Leistung verhaftet. Eine Ausnahme von dem Erfordernis der denuntiatio scheint in 1 1 § 4 und 1 2 pr. D. 18, 6 gemacht zu werden. Doch ist auch hier denuntiatio zu unterstellen. Nach 1 2 muss ja der Verkäufer „ex commodo suo" einen Termin zum Abholen setzen; in der Bezeichnung desselben lag die denuntiatio, da eigentlich der Käufer sofort hätte abholen müssen. Im Falle der 1 1 § 4 D. 18, 6 aber ist anzunehmen, dass der Verkäufer dem Käufer Anzeige davon machen musste, wann er die Gefässe mit dem verkauften Wein für seine eigene Weinernte wieder brauchte; durch diese Anzeige war dann hier das Erfordernis der denuntiatio erfüllt.

Die Wirkung der Dereliktion kann nun entweder die sein, dass sie das Forderungsrecht tilgt, oder dass sie dasselbe nur mittelst einer exceptio in seiner Wirksamkeit hemmt. Welche von diesen beiden Wirkungen einzutreten habe, darüber geben indessen die Quellen keine Auskunft. Auch dies zeigt wieder, wie wenig praktisch das Preisgebungsrecht war. Schey (S. 33) nimmt an, dass erst durch den kasuellen Untergang der derelinquierten Sache der Schuldner frei werde. Jedoch dann müsste ja vor dem Untergang der Schuldner dem Gläubiger sie von dem Okkupanten zurückverschaffen; denn die Obligation bestände noch. Ist die Sache untergegangen, so ist allerdings eine objektive Unmöglichkeit der Leistung vorhanden. Aber die Dereliktion ist ein bereits infolge des Annahmeverzugs zustehendes selbständiges Recht, das Aufhebung der Obligation bewirkt. Man wird ihr am besten schuldtilgende Kraft beizumessen berechtigt sein.[4]) Auch in den bei Kohler (S. 292—304) angeführten Beispielen wirkt die Preisgebnng unmittelbar. Der Zehntpflichtige hat „bezalt", er ist niemanden „nichts pflichtig mehr zu geben", der Zinspflichtige hat „verzinset" (S. 300).

Was nun die heutige Anwendbarkeit des Preisgebungsrechts anlangt, so ist hierüber folgendes zu bemerken:

Die Giltigkeit desselben wird fast von Allen anerkannt[5]), nur Treitschke[6]) hält sie für sehr zweifelhaft. In der That

---

[4]) Mommsen III § 32 S. 306—307. v. Vangerow III § 617.

[5]) Mühlenbruch, Pand. II § 357 S. 324. Seuffert, prakt. Pand. R. II § 248 Note 6. Sintenis, II § 93 S. 214. Mommsen, S. 312. Ernst, S. 61. Hoffmann, Arch. f. prakt. RW. S. 168. Auerbach, Das neue Handelsgesetzbuch, II S. 64, Note 2. Wolff, in Löhrs Zentralorgan. Bd. I S. 204. Bruns (Eck), in Holtzendorffs Encykl. S. 484 § 66, 4. Windscheid II § 346. Dernburg, II § 43. Kosack, Handelsrecht S. 159. § 32. IV. 2. d. Seuff. Arch. XI No. 139 (OAG zu Dresden 1855). XVI No. 25 (OAG zu München 1. III. 1862). Sächs. bürgerl. Gesbch. § 757. Dresdener Entwurf art. 358.

[6]) Treitschke, § 77. S. 275.

wird die Ausführung der Dereliktion heutzutage noch viel schwieriger sein als im alten Rom. Ein Hinausstellen auf die Strasse ist nicht möglich, ein Ausgiessen z. B. von Farbstoffen in Flüsse verunreinigt dieselben; ein Ausschütten von Schwefelsäure auf eigenem Grund und Boden würde Vergiftung des Wassers der in der Nachbarschaft befindlichen Brunnen zur Folge haben. Das Preisgebungsrecht scheint sich daher nur noch als ein veraltetes Rechtsinstitut mitzuschleppen, weil es für manchen vielleicht etwas reizvolles hat, dass hier das Gesetz ein so hartes Recht giebt, das den heutigen Anschauungen von Recht und Billigkeit nicht entspricht. Deswegen ist durchaus zu billigen das Vorgehen der Verfasser des Entwurfs. Während in dem Entwurfe selbst ein Preisgebungsrecht nicht erwähnt ist, wird es in den Motiven Bd. II. S. 95 ausdrücklich verworfen als „unvereinbar mit dem heutigen Rechtsbewusstsein und den wirtschaftlichen Grundsätzen der Gegenwart".

§ 5.
Das Verkaufsrecht.

In l 1 § 3 D. 18, 6 wird dem Verkäufer wahlweise das Recht zugestanden, den Wein zu verkaufen, vendere vinum bona fide. Die grammatische Gleichstellung mit dem „conduci vasa nec reddi" und die Unterordnung unter das „commodius" zeigt, dass die Tendenz vorliegt, den Verkäufer für den Fall, dass er sein Preisgebungsrecht nicht ausübt, möglichst vor Schaden zu schützen. Geht man von dieser Ansicht aus, so wird man auch zugeben müssen, dass in l 1 § 3 nur von einer mora accipiendi die Rede ist, und dass das Recht des Verkaufs nicht für den Fall gegeben ist, wenn gleichzeitig eine mora solvendi vorliegt. Denn würde dem Verkäufer, welcher noch keine Bezahlung empfangen hat, ein Preisgebungsrecht gegeben, so würde er durch die Ausübung dieses Rechts nur sich selbst schaden können. Er behält ja natürlich trotz der Dereliktion der Ware seinen Anspruch auf den Kaufpreis; aber was soll er anfangen, wenn sich bei Anstellung der Klage herausstellt, dass der Käufer insolvent ist? Ferner: läge gleichzeitig mora solvendi vor, dann könnte der Verkäufer mit der Kaufklage den doppelt säumigen Käufer belangen; die lex giebt ihm aber nur ein Retentionsrecht. Auch müsste in jenem Fall der Verkäufer sowohl auf den Kaufpreis wie auf die Aufwendungen klagen können, die lex sagt aber nur: „nisi quanti conduxerit ab emptore reddatur." Schliesslich gäbe, mora solvendi vorausgesetzt, die Stelle gar keinen Aufschluss darüber, was der Verkäufer zu thun hat, wenn der Erlös des bona fide erfolgten Verkaufs unter dem bedungenen Kaufpreis bleibt.

Wird dagegen der Verkauf lediglich infolge mora accipiendi vorgenommen, so ist es ersichtlich, dass er geschieht, um dem Verkäufer eine Erleichterung in der Aufbewahrung der Sache zu verschaffen,[1]) und zugleich um den säumigen Käufer zu strafen, wenn an Stelle der Ware ein geringerer Gelderlös aus dem Verkaufe tritt. Demnach ist klar, warum Ulpian das fernere Aufbewahren und den Selbsthilfeverkauf für „lobenswert" erklärt. Durch das Preisgeben wäre den Zwecken des Verkäufers ebenso gedient. Nähme man aber an, es läge zugleich mora solvendi vor, so verdiente der Verkäufer, der in solchem Falle das Preisgeben unterlässt, weniger das Prädikat „lobenswert" oder gar „Ehrenmann" (Kohler, S. 338), als vielmehr das eines sehr verständigen und auf seinen Vorteil wohl bedachten Geschäftsmanns.

Die Wirkung des Verkaufs ist also die, dass an die Stelle der geschuldeten Sache die Geldsumme tritt, und dass auf die Auslieferung dieser Geldsumme die Obligation fortdauert.[2])

---

§ 5. [1]) Nicht kann, wie v. Schey S. 40 sagt, der Schuldner „sich durch den Selbstverkauf der schuldigen Leistung entziehen, ohne ersatzpflichtig zu werden." Vgl. auch Schey Seite 41 zu Note 4 und S. 43.

[2]) Es entsteht nicht ein Anspruch des Gläubigers auf die Bereicherung, wie v. Schey S. 40 annimmt.

Das Verkaufsrecht ist im gemeinen Recht allgemein anerkannt.³) Es erhebt sich dabei die Frage, ob auch hier dem Verkauf eine Androhung (denuntatio) vorangehen müsse. In Seuff. Arch. Bd. V. No. 156 (OAG zu Lübeck 1851) wird dieselbe für erforderlich gehalten infolge Analogie von l 1 § 3 D. 18, 6. Die Quellen scheinen in der That die Notwendigkeit der denuntiatio auch beim Verkauf vorauszusetzen.⁴) Denn das „vendere" tritt an die Stelle des „effundere," es heisst: „si cum posset effundere non effudit." Für das Ausgiessen ist aber kurz zuvor noch die Einschränkung durch die Androhung hinzugefügt worden.

Es wird deshalb mit Recht gemeinrechtlich verlangt werden müssen, dass dem Verkauf eine Androhung vorausgehe.⁵) Thöl⁶) sagt direkt: „das in Deutschland geltende gemeine Recht hat für einen Verkauf bei Verzug keine andere Förmlichkeit als die denuntiatio an den Gegner." Nur ausnahmsweise ist die Androhung nicht nötig: „wenn dies vereinbart ist oder wenn die Beschaffenheit der Ware und Gefahr im Verzuge eine schleunige Disposition über die Ware gebieten." ⁷)

Die Androhung muss aber dem Käufer selbst gegenüber erfolgen; es genügt nicht, eine Bekanntmachung in den öffentlichen Blättern oder durch Börsenanschlag⁸).

---

³) Sintenis, II § 93 S. 214. Kohler, S. 339/340. Windscheid, II § 346. Seuff. Arch. V No. 156 (OAG zu Lübeck 1851). VIII No. 351 (OAG zu Lübeck 1845. XI No. 231 (OAG zu Wolfenbüttel 1849). XVI No. 25 (OAG zu München 1862) A. L. R. I 11 § 218. 14. § 102. Sächs. b. Gsbch. § 757. Schweiz. Obl. R. art. 108. Bayr. Entwurf art. 177 Abs. 2; Motive dazu S. 105/106. Hess. Entwurf (= Entwurf eines bürgerl. Gesbchs. für das Grossherzogtum Hessen) art. 301. 302. Dresd. Entw. art. 358. E. B. G. § 278.

⁴) Anders Rautmann S. 24: er stellt das Erfordernis der Androhung als fraglich hin und hält es in den Quellen für nicht bezeugt. Pauli (im Hamb. Arch. für H R Bd. III, S. 137) will die Pflicht zur Androhung nur auf Grund milderer Praxis anerkennen, nicht wegen 1 1 § 3. 4. D. 18, 6.

⁵) Seuff. Arch. V No. 156. VIII. No. 351. XI No. 231. XVI No. 25.

⁶) Thöl = Thöl, ausgew. Entscheidungsgründe des OAG zu Lübeck 1857. No. 72.

⁷) Seuff. Arch. XVI No. 25.

⁸) Seuff. Arch. V No. 156.

Der Verkauf geschieht im Interesse des säumigen Käufers, wie dies eine Lübecker Entscheidung in Seuff. Arch. VIII No. 351 anerkennt, indem sie das Hauptgewicht auf die Erzielung des höchsten Preises legt.

Für die Ausübung des Verkaufs bestehen keine Vorschriften ausser der allgemeinen: er solle bona fide geschehen, d. h. insbesondere möglichst günstig für den säumigen Käufer. Gerichtlicher Verkauf ist nicht notwendig. So heisst es ausdrücklich bei Seuff. Arch. VIII No. 351: „im gemeinen Recht giebt es kein Gesetz, welches Verkauf unter gerichtlicher Autorität vorschreibt" und Seuff. Arch. V No. 156: „es giebt keine gemeinrechtliche Vorschrift für die Notwendigkeit des gerichtlichen Verkaufs." Auf diese Weise werden freilich die Interessen des Käufers nicht genügend gewahrt und bereits in der Kommission zum Handelsgesetzbuch machte sich daher die Auffassung geltend, man solle an Stelle des privaten den öffentlichen Verkauf setzen.[9] Im allgemeinen Landrecht für die preussischen Staaten ist Versteigerung vorgeschrieben,[10] und der Entwurf eines bürgerlichen Gesetzbuches[11] hat öffentlichen Verkauf als allein zulässig erklärt.

§ 6.
Deposition.

Dem Schuldner wird infolge von mora accipiendi von den römischen Juristen auch das Recht zur Deposition gewährt.[1] Dies geschieht freilich zumeist nur bei Geldschulden, und hier hat es seinen guten Grund, indem durch die mora accipiendi der Zinslauf noch nicht gehemmt wird, wohl aber durch die gehörig vollzogene Deposition.[2] Die

---

[9] Prot. S. 624—630. 1374.
[10] ALR I. 11 § 218.
[11] EBG § 278.

§ 6. [1] l 7 D. 22, 1. l 7 § 2 D. 4, 4. 16. l 19 pr. C. 4, 32. l 7 C. 4, 54. l 1 C. 8, 17 (18). l 8 C. 8, 27 (28).

[2] l 7 D. 22. 1. Mommsen III § 32 Note 1.

Deposition wird aber doch nicht auf Geld beschränkt, sondern sie ist bei allen Sachen zulässig.³) sogar in Anwendung auf Sklaven.⁴)

Deshalb steht ihrer Anwendung auch beim Kauf keine Schwierigkeit entgegen, und es muss für das römische Recht dem Verkäufer die Befugnis zuerkannt werden, bei mora accipiendi des Käufers sich durch Deposition des Kaufgegenstandes zu entledigen.

An welchem Orte die Deposition geschehen soll, wird zuerst von Julian in l 1 § 37 D. 16, 3 und Pomponius in l 7 § 2 D. 4, 4 erwähnt, nämlich: „in aede aliqua."⁵) In l 39 pr. D. 46, 3 spricht Africanus von Deposition: „apud nummularium." Dann sagt Papinian in l 56 § 1 D. 17, 1: „publice." Hermogenian in der fast gleichlautenden l 64 D. 46, 1: „in publico loco." Ulpian gebraucht die Bezeichnungen: „in tuto loco" (l 28 § 1 D. 26, 7), „in aede", „apud aedem" (l 7 § 2 D. 4, 4. l 5 § 2. l 1 § 36 D. 16, 3), „apud officium" (l 7 § 2 D. 2, 8. l 11 § 1 D. 10, 4). Ebenso Diocletian in l 19 pr. C. 4, 32: „in publico", und fügt er hinzu: „publicum intellegi oportet vel sacratissimas aedes vel ubi competens index super ea re aditus deponi eas disposuerit." In l 9 C. 4, 24 spricht Diocletian von der Deposition „in horreis quibus et alii solebant publice uti." Justinian sagt: „in cimelarchio sanctae ecclesiae," d. h. in der kirchlichen Schatzkammer (l 10 § 2 C. 7, 72. l 20 § 1. 2 C. 11, 48).

Die von Africanus genannte Deposition bei dem Wechsler kommt für uns nicht in Betracht, da dieselben nur Geld als Deposit anzunehmen pflegen. Es kommt für uns auch nur eine Deposition zum Zwecke der Schuldtilgung in Betracht. Dieselbe kann geschehen bei dem Schuldner selbst oder

---

³) l 1 § 36. 37. D. 16, 3. l 7 § 2 D. 2, 8. Nov. 91 cap. 2.
⁴) l 11 § 1 D. 10, 4.
⁵) Über die Deposition liegen schon frühere Zeugnisse des gleichen Inhalts von Nichtjuristen vor. Cf. Muther, Sequestration und Arrest S. 364.

bei einem Dritten. Eine Deposition im eigenen Gewahrsam des Schuldners wird allgemein als zulässig betrachtet[6]), und Windscheid[7]) ist der Meinung, dass diese Art der Deposition bei den Römern die ursprüngliche gewesen sei. Die Stellen, in denen kein Depositionsort erwähnt sei, müssten von der Deposition bei dem Schuldner selbst verstanden werden. So heisst es z. B. in l 1 C. 8, 17 (18): „si pecuniam obsignavit et deposuit nec in usus suos convertit", während diese letztere Bemerkung ganz überflüssig sein würde, wenn hier Deposition bei einem Dritten gemeint wäre. Eine andere Stelle, die 12 C. 4, 32 enthält die Worte: „quamvis pecuniam obsignatam in depositi causa habuerit", und man würde nicht einzusehen vermögen, weshalb eine so umständliche Ausdrucksweise anstatt eines einfachen: apud amicum deposuerit gewählt würde, wenn nicht hätte damit gesagt werden sollen, dass das Geld sich bei dem Schuldner selbst in einem Zustand der thatsächlichen Abgesondertheit befinde. Schon Cicero bedient sich eines ähnlichen Ausdrucks anstatt eines einfachen deposuisse: ad famil. lib. 13 ep. 56: „Caunii debent, sed aiunt se depositam pecuniam habuisse." Schliesslich ist noch die l 7 D. 22, 1 anzuführen; sie lautet: „debitor usurarius creditori pecuniam obtulit et eam, cum accipere noluisset, obsignavit et deposuit: ex eo die ratio non habebitur usurarum; quodsi postea conventus ut solveret moram fecerit, nummi steriles ex eo tempore non erunt." Diese Stelle giebt einen sehr klaren Sinn, wenn man unter „deposuit" die Deposition bei dem Schuldner versteht.[8]) Dadurch, dass der Schuldner das geschuldete Geld, nach geschehener Versiegelung, getrennt von seinem eigenen Gelde aufbewahrt, wird er frei von der Zinspflicht; die Obligation aber dauert fort. Sobald er daher vom Gläubiger zur

---

[6]) Mommsen, § 32 Note 1 u. 3. Wolff. § 44. 3. S. 493. Kohler, S. 305 Note 1.

[7]) Windscheid II § 347 Note 2.

[8]) So fasst die Stelle auf Wolff S. 493; auch wohl Kohler S. 331. Anderer Meinung Ulrich S. 31/33.

Zahlung aufgefordert wird, muss er diese leisten, und da der Verzug des Gläubigers aufhört, so beginnen von neuem Zinsen zu laufen.⁹) Wenn also der Verkäufer den Kaufgegenstand trotz mora accipiendi weiter aufbewahrte, so war, wenn er ihn unbenützt liess, dies auch ein „bei Seite-, wegstellen". Auch das mit dem deponere genannte obsignare, Versiegeln, würde keinen rechten Grund haben, wenn man bei einem Dritten deponiert; einen sehr guten aber, wenn es sich um Deposition bei dem Schuldner selbst handelt: es wird durch die Versiegelung das geschuldete Geld thatsächlich aus dem Vermögen des Schuldners abgesondert.

Von grösserer Wichtigkeit ist die Deposition an öffentlichem Orte. Als solche werden in den oben (S. 19) angeführten Stellen erwähnt: die Tempel, die kirchliche Schatzkammer, der vom Richter bestimmte Platz und die öffentlichen Speicher (horrea), wie sie in Rom Alexander Severus errichtete.¹⁰) Die Tempel sind wohl bis in die Kaiserzeit hinein der wichtigste Depositionsort gewesen.

Die öffentliche Deposition zwecks Schuldtilgung dürfen wir übrigens nicht zu früh ansetzen; in l 7 § 2 D. 4, 4, wo der Schuldner des minderjährigen Gläubigers sich befreien will, dies aber nicht vermag, weil dem Minderjährigen Kuratoren fehlen, schreibt Ulpian: „sed hodie s o l e t pecunia in aedem deponi ut Pomponius scribit." Pomponius konstatiert also nur eine Gewohnheit, die vielleicht schon Gewohnheitsrecht war.

In Deutschland findet sich, wie es scheint, das Depositionsrecht schon v o r der Reception des römischen Rechts

---

⁹) In der von Ulrich § 8 Note 13 angezogenen l 11 § 3 D. 19, 2 liegt keine Deposition zwecks Schuldtilgung vor, und es kann der Keller (apotheca) ebenso gut ein eigener des Transporteurs sein oder eine öffentliche Hinterlegungsstelle.

¹⁰) Muther, S. 368. — Nicht gehört hierher das „deposuit obsignatam [sc. pecuniam] t u t o i n l o c o" des Ulpian in l 28 § 1 D. 26, 7. Es heisst: in seinem Hause an sicherem Platze aufbewahren.

und zwar in der Form der öffentlichen oder der gerichtlichen Hinterlegung. So heisst es in einer Urkunde von 1288:[11]) „si predicte decem marce aliquo anno ipsis Johanni et uxori eius Elisabeth solute non fuerint termino prenotato, quod dicta domus que speilhûs [12]) dicitur, sepedictis Iohanni et uxori eius Elisabeth cedit libere et absolute —. Si autem ipse vel uxor eius vel heredes eorum ipsas decem marcas aliquo anno suo termino recipere nolunt, tunc Iudei decem marcas in **scrinium officialium reponent et per hoc a captione erunt soluti**"; und in derselben Urkunde später: „nobis officialibus sancti Laurentii assignabit et **in scrinium nostrum reponet**." Ein schweizerisches Weistum aus dem 15. Jahrhundert [13]) sagt: „versetzt einer ein pfandstuck, wen er daz losen wil, so söl er in das gelt erbötten mit zwein hoffmannen, nimpt er es zinss und gelt, das ist gutt, nimpt er das nütt, soll er zinss und gellt **legen hinder das gericht**, untz er es gern nimpt."

Während im römischen Recht die Hinterlegung an verschiedenen Stellen möglich war, muss sie nach gemeinem Recht ausschliesslich bei Gericht geschehen [14]) und zwar beim zuständigen Gericht, d. h. nur dann ist sie rechtmässig, wenn wie es 1 9 C. 8, 42 heisst: „si eo loco quo debetur solutio fuerit celebrata."

In den preussischen Landesteilen, auch in denjenigen, die im Geltungsbereiche des gemeinen Rechts liegen, ist seit der Hinterlegungsordnung vom 14. März 1879 (§ 19. 20) die öffentliche Hinterlegungsstelle für Geld die zuständige Regierungshauptkasse.

---

[11]) Lörsch u. Schröder, Urkunden zur Geschichte des deutschen Privatrechts No. 153 (127).
[12]) speilhûs = Spielhaus; Gemeindehaus.
[13]) Grimm, Weistümer I S. 46. 47. Vgl. a. Grimm Weistümer II S. 135.
[14]) Mühlenbruch, II § 357. S. 324. Seuff. Pand., II S. 49. Mommsen, III § 32. S 307. Pauli, Bd. III S. 130/131. Dernburg, II § 61 Note 7. Windscheid, II § 347 zu Note 2. Ulrich, S. 95. A. L. R. I 11 § 99. Sächs. b. Gesbch. § 756. Oestr. b. Gesbch. § 1425. E. B. G. § 272. 278. — Auch Hinterlegung im Lagerhaus gestattet: Schweiz. Obl. R. art. 107. Abs. 2.

Der Entwurf (§ 272 u. 278) schreibt Deposition an einer „öffentlichen Hinterlegungsstelle" vor und stellt in § 280 indirekt an die einzelnen Staaten die Forderung, landesgesetzlich solche öffentlichen Hinterlegungsstellen zu errichten; jedoch können die Landesgesetze auch die Gerichte als die öffentlichen Hinterlegungsstellen bezeichnen. (Motive II S. 92.)

Die Kosten der Hinterlegung fallen dem Gläubiger zur Last. [15])

Die Deposition bei einem unbeteiligten Privatmanne scheint im Gebiete des gemeinen Rechts nicht in Erwägung gezogen worden zu sein, bei strikter Interpretation der Vorschrift über gerichtliche Hinterlegung ist sie auch als zulässig **nicht** anzuerkennen. Die neueren Civilrechtskodifikationen erwähnen sie nicht, [16]) dieselben scheinen sie also zu missbilligen; aber ausdrücklich verworfen wird sie erst durch den Entwurf. [17])

Auch die Deposition im eigenen Gewahrsam des Schuldners ist übrigens im gemeinen Recht keine wahre Deposition, und treten bei ihr die Wirkungen wie bei der öffentlichen Deposition nicht ein. Die Motive zum Entwurf erwähnen dieselbe gar nicht, jedoch die Stellungnahme gegenüber der Deposition bei einem Dritten lässt keinen Zweifel darüber, dass die Verfasser des Entwurfs ein Recht zur Deponierung im eigenen Gewahrsam des Schuldners nicht anerkennen.

Die Deposition ist nach gemeinem Recht bei allen beweglichen Sachen zulässig, [18]) in den preussischen gemeinrechtlichen Gebieten können aber gemäss Hinterlegungs-Ordnung § 1 nur deponiert werden: Geld, Wertpapiere auf Inhaber, Wertpapiere auf Namen, auf welche die Zahlung an den Inhaber geleistet werden kann, und Kostbarkeiten.

---

[15]) A. L. R. I 16 § 230. E. B. G. § 279.
[16]) So sächs. b. Gesbch § 756. 757.
[17]) E. B. G. Motive II S. 92.
[18]) Vgl. darüber E. B. G. Motive II S. 93.

Bei den übrigen Sachen tritt gerichtliche Aufsicht und Verwahrung ein. (HO § 87 ff.)

Nach E. B. G. § 272 soll reichsgesetzlich nur öffentliche Hinterlegung von Geld und Wertpapieren statthaft sein.

§ 7.
Wesen und Wirkungen der Deposition.

Die Deposition steht nicht in einer Linie mit der Dereliktion, wie Kohler und Schey (S. 36) behaupten, sondern mit der Aufbewahrung im eigenen Gewahrsam des Schuldners. Das aus der Deposition entstehende Rechtsverhältnis kann sehr verschieden sein, entweder Depositum oder Mandat oder Miete; es bleibt nichts übrig, als im einzelnen Falle das zu Grunde liegende Rechtsverhältnis besonders festzustellen und hiernach das Maass der Haftung zu bemessen. Man wird für gewöhnlich ein Depositum annehmen müssen, d. h. es haftet derjenige, bei dem die Sache niedergelegt ist, nur für dolus und culpa lata, und dem Käufer steht eine actio depositi utilis gegen den Depositar zu (l 19 § 4 C. 4, 32). Gegen den Schuldner dagegen steht dem Gläubiger nach erfolgter Deposition keine Klage zu.[1]

Man hat auf Grund des in den Quellen vorkommenden Ausdrucks testatio behauptet, es sei eine Heranziehung von Zeugen zum Deponierungsakt nötig gewesen. Die l 19 pr. C. 4, 32 zeigt aber, dass die testatio nicht zur Deposition, sondern zur Oblation gehörte („post testationem offer.")[2] Ebenso heisst es in l 6 C. 4, 32: „testibus praesentibus offer." In l 7 C. 4, 54 wird der Ausdruck „denuntiatio"

---

§ 7. [1]) Ulrich (S. 62) bestreitet dies auf Grund der oben § 6 zu Note 8 erwähnten l 7 D. 22, 1.

[2]) Vgl. auch l 2 § 2 C. 4. 66. l 8 D. 18, 3. In der allein scheinbar widersprechenden l 8 C. 8, 27 ist das contestatione facta auf die vorgebliche Oblation zu beziehen.

gebraucht. Dass aber auch hier die Oblation an einen abwesenden Gläubiger gemeint ist, wird von Ulrich § 8 Note 33 zutreffend ausgeführt. Die Stelle unterscheidet genau drei verschiedene Handlungen: 1) denuntatio Anbieten an den Gläubiger, 2) Obsignatio, 3) Depositio. Das Gleiche ist der Fall in l 1 C. 8, 17. In den Quellen ist also nicht bezeugt, dass vorgängige Androhung eine Voraussetzung der rechtsgiltigen Deposition gewesen sei.[3]

Die Versiegelung des deponierten Geldes dagegen wird in den Quellen als Erfordernis hingestellt. Dies ergiebt sich aus deren häufiger Hervorhebung;[4] dann auch daraus, dass die Worte obsignavit und deposuit in verschiedenen Satzteilen der l 41 § 1 D. 22, 1 vollständig gleichbedeutend gebraucht werden, indem jedes einzelne Wort sowohl versiegeln als auch niederlegen bedeutet. Man pflegt die Versiegelung als Erfordernis für jede Deposition zwecks Schuldtilgung aufzustellen, für die öffentliche sowohl wie für die private. Bei letzterer hat sie in der That einen guten Grund, die Ausscheidung aus dem eigenen Vermögen zu manifestieren. Bei öffentlicher Deposition erscheint sie aber nicht praktisch, da es ja ein positum irregulare gab. Deshalb dürfte wohl die Annahme begründet sein, dass die Versiegelung bei der öffentlichen Deposition kein notwendiges Requisit war. Wenn wir die Stellen über die öffentliche Deposition ins Auge fassen und davon diejenigen, welche nur den Ausdruck deponere enthalten,[5] ausscheiden, so bleiben im Ganzen noch vier Stellen übrig:[6]

1) l 4 pr. D. 40, 7: Paulus: „deponere in aedem pecuniam consignatam."

---

[3] So Ulrich S. 37. Anderer Meinung sind Mühlenbruch II § 357 S. 324 u. Voigt, ius naturale III § 86 S. 623.

[4] l 1 § 3. l 7 D. 22, 1. l 28 § 1 D. 26, 7. l 6 C. 4, 32. l 7 C. 4, 54. l 1 C. 8, 17.

[5] l 7 § 2 D. 2, 8. l 73 D. 3, 3. l 7 § 2 D. 4, 4. l 1 § 36. 37 D. 16, 3. l 20 § 1 C. 11, 48.

[6] Dass die l 28 § 1 D. 26, 7 nicht hierhin gehört, ist oben § 6 Anm. 10 gesagt worden.

2) l 64 D. 46, 1: **Hermogenianus**: „in publico loco — consignatam deposuit."

3) l 19 pr. C. 4, 32: **Diocletianus et Maximinianus**: „acceptam mutuo sortem—consignatam in publico depone."

In diesen drei Stellen ist das Wort „consignare" gebraucht, sonst[7]) lautet die stehende Verbindung: „obsignare et deponere." Die Bedeutung von obsignare ist stets die von „versiegeln"; consignare hat aber auch die Bedeutung „beurkunden", und dies macht uns die Annahme wahrscheinlich, dass es auch hier diese Bedeutung hat. Vielleicht ist über die erfolgte Niederlegung ein Schein ausgestellt worden.[8])

Die vierte Stelle ist die l 56 § 1 D. 17, 1; sie steht allein mit unserer Ausführung im Widerspruch. Jedoch kann diese Stelle nicht ins Gewicht fallen, wenn man die obenerwähnte l 64 D. 46, 1 des Hermogenian, der weit später als Papinian lebte und schrieb, heranzieht. Dies ergiebt sich aus einer Nebeneinanderstellung derselben:

l 56 § 1 D. 17, 1: **Papinianus**: fideiussor qui pecuniam in iure obtulit et propter aetatem eius qui petebat obsignavit ac publice deposuit confestim agere mandati potest.

l 64 D. 46, 1: **Hermogenianus**: fideiussor qui minori viginti quinque annis pecuniam obtulit et in publico loco metu in integrum restitutionis consignatam deposuit, confestim experiri mandati poterit.

Die Stellen haben sehr grosse Ähnlichkeit mit einander, und es ist offenbar die Stelle Hermogenians eine Nachbildung derjenigen Papinians. Dies wird noch wahrscheinlicher durch die Bemerkung Puchtas über Hermogenian,[9]) dass „dessen Werk: libri VI epitomarum sich schon durch seinen Titel als eine aus der früheren Litteratur zu-

---

[7]) l 1 § 3. l 7 D. 22, 1. l 6 C. 4, 32. l 7 C. 4, 54. l 1 C. 8, 17.

[8]) Vgl. jetzt die preussische Hinterlegungsordnung vom 14. III. 1879 § 16.

[9]) Puchta, Institutionen I § 100 a. E.

sammengetragene Arbeit zu erkennen giebt." Indem Hermogenian den von Papinian aufgestellten Satz in sein Werk aufnahm, mag er das unrichtige oder ungenaue obsignare in consignare verändert haben.

Bei anderen Gegenständen als Geld würde ein Versiegeln meistens unthunlich sein; das entsprechende Verfahren wäre ein einfaches Zeichnen der Ware (signare). Dies scheint uns auch allein in Nov. 91 cap. 2 gemeint zu sein; in derselben ist Deposition für jede bewegliche Sache ausgesprochen: „εἰ γε κινητῇ καθεστήκοι," und fährt die Novelle fort: „εἰ — σφραγῖδας ἐπιθείη καὶ κατὰ τὸν νόμον ἀπόθοιτο." Dieser Ausdruck lässt sich sehr gut von einem blossen Zeichnen durch Aufdrücken eines Siegels verstehen.

Für das heutige gemeine Recht wird von manchen Schriftstellern bei baren Geldzahlungen,[10]) oder überhaupt, wenn es die Beschaffenheit der Sache zulässt,[11]) eine Versiegelung erfordert. Doch bemerkt Seuffert gleichzeitig: „in der Praxis wird die Versiegelung zur giltigen Deposition nicht für nötig gehalten."[12]) Dies ergiebt sich aber auch schon aus den Quellen, denn einmal ist die Deposition im eigenen Gewahrsam des Schuldners oder bei einem Dritten, die Versiegelung erforderte, im gemeinen Recht, wie oben (S. 23) ausgeführt wurde, nicht mehr anwendbar, und zweitens ist bei der öffentlichen Deposition eine Versiegelung eben kein Erfordernis gewesen.

Von der geschehenen Hinterlegung braucht der Schuldner den Gläubiger nicht zu benachrichtigen,[13]) während die preussische Hinterlegungsordnung § 19 und Entwurf § 273 die Anzeige fordern.

---

[10]) Auerbach, II § 46. S. 64.
[11]) Seuffert, Pand. II S. 49.
[12]) Vgl. auch Weiske, Rechtslexikon Bd. II S. 313.
[13]) Aus Nov. 91. c. 2 geht eine Pflicht zur Anzeige nicht hervor. Die Stelle lautet: καὶ διαβάντες ἐκ τοῦ δικαστηρίου τινὲς ἐπαγγείλωσαν ταῦτα (d. h. dass die Frau die dos gerichtlich hinterlegen wolle) πρὸς τὸ τοῦ ἀνδρὸς μέρος. Vgl. auch Ulrich § 8 S. 38.

Die Deposition ist Erfüllungssurrogat; ihre Wirkung ist daher Befreiung des Schuldners von seiner Verbindlichkeit [14]) und zwar unmittelbar, nicht erst ope exceptionis. Dies gilt auch nicht nur von Geldschulden, sondern von allen Obligationen auf Leistung beweglicher Sachen. [15]) Die Quellen sprechen diese Befreiung klar aus, besonders in l 9 C. 8, 42 (43): „obsignatione totius debitae pecuniae solemniter facta liberationem contingere manifestum est." [16]) Dieser Thatsache gegenüber ist die fast einstimmig dem Schuldner gegebene Erlaubnis die deponierte Sache wieder zurückzunehmen, [17]) schwer zu erklären. Kohler spricht gewissermassen bedauernd von dem Zurücknahmerecht als „einem Satz, der sich nach dem Stande der Quellen nicht abweisen lässt." Dernburg dagegen scheint gerade durch das Zurücknahmerecht dazu veranlasst worden zu sein nur „liberatio ope exceptionis" eintreten zu lassen (II § 61 Note 11) und in Note 10 macht er selbst eine Ausnahme von der Zulässigkeit der Zurücknahme. Am meisten zutreffend ist hier wohl die Ansicht Windscheids, [18]) dass „liberatio nur eintrete unter der Voraussetzung, dass die Deposition nicht zurückgenommen werde; mit der Deposition werde die Obligation in den Zustand des Ruhens versetzt."

Zum Beweise des Zurücknahmerechts werden drei Stellen angeführt: l 7 D. 22, 1. l 8 C. 8, 27. l 19 § 4 C. 4, 32. Die l 7 kann nach der von uns oben in § 6 (S. 20/21) gegebenen Deutung nicht mehr in Betracht kommen. Auch nicht die l 8; denn die Worte „si deposuisti hodieque in eadem

---

[14]) Madai, S. 472. Mommsen, S. 307. 308. Keller, Pandekten § 252. S. 550. Seuffert, Pandekten II § 250. S. 50. Windscheid II § 347. Anders Kohler, S. 335. Dernburg, II § 61 Note 10. 11. Ulrich S. 65. 69. Schey, S. 36. Rautmann S. 23.

[15]) l 1 § 36. 37 D. 16, 3 Nov. 91 c. 2. Mommsen, § 32 S. 308.

[16]) Vgl. auch l 19 § 2. 4. C. 4, 32. l 1 C. 8, 17. l 8 C. 8, 27.

[17]) Windscheid, II § 347. Dernburg, II § 61 a. E. Ulrich, § 16 bes. zu Note 3. Kohler, § 6 S. 331. Anders Koch, Recht der Forderungen II § 159 III und die bei Ulrich S. 71—73 erwähnten Schriftsteller.

[18]) Windscheid II § 347 Note 2 b.

causa permanet" sagen nichts von einem Zurücknehmen. Einzig und allein l 19 § 4 C. 4, 32 ist in Betracht zu ziehen, denn in den Worten: „creditori scilicet actione utili ad exactionem earum [sc. pecuniarum] non adversus debitorem, nisi forte eas receperit, sed vel contra depositarium vel ipsas competente pecunias" ist wohl ein Zurücknahmerecht ausgesprochen.

Dass die Hinterlegung den Schuldner von aller Verbindlichkeit befreit, gilt auch für das gemeine Recht.[19]) Dem Gläubiger steht fortan nur eine Klage gegen das Gericht resp. die öffentliche Hinterlegungsstelle zu.[20]) Eine Zurücknahme des deponierten Gegenstandes[21]) wird auch im E. B. G. § 274 anerkannt, aber wie die Motive II S. 98 u. 99 sagen, hauptsächlich „aus Zweckmässigkeitsgründen".

§ 8.
Klage auf Abnahme.

Wir haben bisher von solchen Rechten des Verkäufers gesprochen, die er ohne Mitwirkung des säumigen Käufers ausüben kann. Wir wenden uns nunmehr der Frage zu, ob er nicht den Käufer zur Mitwirkung zwingen, ob er nicht auf Abnahme klagen kann. Nur eine Stelle scheint eine solche Klage für zulässig zu erklären, die vielumstrittene l 9 D. 19, 1: Pomponius libro vicesimo ad Sabinum: „si is qui lapides ex fundo emerit, tollere eos nolit, ex vendito agi cum eo potest ut eos tollat." Diese Stelle spricht allerdings klar aus, dass der Verkäufer von Steinen den Käufer

---

[19]) Für das preussische Recht A. L. R. I 16 § 213. Entsch. des Obertribunals vom 1. III. 54 in Striethorst XII S. 233/234.
[20]) Mommsen, III S. 307.
[21]) Nur sehr beschränkt ist die Zurücknahme zugelassen in der preuss. H. O. § 19 Abs. 6, nämlich nur, wenn der Schuldner sich die Zurücknahme a u s d r ü c k l i c h vorbehalten hat.

mit der Kontraktsklage zur Abnahme zwingen kann. Es kommt indessen darauf an, den Rechtsgrund der Entscheidung zu ermitteln, um zu sehen, ob wir es hier mit einem singulären Falle oder mit einem allgemeinen Prinzip zu thun haben. Für die Interpretation sind zunächst die Worte „lapides" und „ex fundo" von Bedeutung. Lapides können Steine jeglicher Art sein z. B. Steine aus einem Steinbruch, auch Bausteine; wenn man mit lapides die weiteren Worte ex fundo verbindet, so gewinnt es am meisten Wahrscheinlichkeit, dass Steine aus einem Stück Land gemeint sind, welches der Besitzer z. B. aus einem Weinberge nach Entfernung der Steine zum Getreideacker umgestalten wollte; oder es handelt sich um Steine aus einem Steinbruch.

Barkhausen[1]) teilt die Ansichten über die l 9 in drei Klassen:

1) Mommsen,[2]) Windscheid, Kohler, Ulrich nehmen an, dass — stillschweigend oder ausdrücklich — eine besondere Nebenverpflichtung zur Fortschaffung der Steine existiere, und geben demnach die Klage nur, wenn eine solche Verpflichtung ausdrücklich übernommen worden war.

2) Wolff,[3]) Sintenis, Dernburg, Rautmann erklären die Klage für statthaft, weil ein besonderes Interesse des Verkäufers an der Abnahme bestehe.

3) Treitschke[4]) und Brinkmann erklären die Klage auf Abnahme ganz allgemein für zulässig. Für diese Ansicht hat

---

§ 8. [1]) Barkhausen, die Klage des Verkäufers auf Abnahme (Ztschr. f. HR. Bd. XXX S. 30/58).

[2]) Mommsen, III § 14 Note 3. Windscheid, II § 347 Note 1. Kohler, S. 275. Ulrich, S. 3.

[3]) Wolff, S. 488. 490. 491. 492. Sintenis, II § 93. B. S. 213/214 Note 103. Dernburg, II § 97 Z. 4. Rautmann § 8. S. 28 und § 22 S. 69/70.

[4]) Treitschke, Kaufkontrakt § 77 S. 273. Brinkmann, Handelsrecht § 100. — Der von Barkhausen citierte Schweppe, röm. Privatrecht III § 463 S. 211 spricht von keiner klagbaren Abnahmepflicht; sein „muss" ist nur ein „soll", dessen Nichtbefolgung nur die Wirkungen der mora nach sich zieht.

sich auch neuerdings Gareis entschieden,[5] während er früher keinen bestimmten Standpunkt einnahm.[6]

Barkhausen bekämpft die Ansicht sub 1) und vermittelt zwischen den Ansichten sub 2) und 3), indem er sagt, dass die Ansicht der „Interessetheorie" zu billigen sei, wenn sie kein besonderes, sondern nur das allgemeine Interesse an der Klage voraussetze. So verstanden, stimme sie mit der Ansicht sub 3) überein. Denn wenn letztere die Abnahme als Vertragspflicht hinstelle, so sei zu bemerken, dass kein Vertrag ohne Interesse geschlossen werde.[7] Seiner eigenen Ansicht giebt Barkhausen in den Worten Ausdruck (a. a. O. S. 45), „dass wenn ein solches Vertragsverhältnis vorliegt, nach welchem der eine Kontrahent im Interesse des anderen eine Sache aufbewahrt, sei es entgeltlich oder unentgeltlich, nach Ablauf der etwa vereinbarten Aufbewahrungszeit der Aufbewahrer die Abnahme der Sache von dem anderen Kontrahenten verlangen und nötigenfalls im Wege der Klage erzwingen kann."

Ein Klagerecht auf Abnahme giebt auch Goldschmidt;[8] er motiviert es damit, dass die Verpflichtung zur Abnahme ursprünglich als besondere Abmachung in den Vertrag aufgenommen worden, dass sie dann stillschweigend als vereinbart angesehen und schliesslich zu einem durch Klage erzwingbaren Rechte geworden sei.

Auch nach unserer Meinung ist die Abnahme nicht nur ein Recht des Käufers, sondern eine Pflicht desselben. Eine solche Abnahmepflicht wurde auch in dem reich entwickelten Verkehrsrecht der Hanseaten anerkannt;[9] ferner wird sie anerkannt von Dernburg[10] mit den Worten: „dass der

---

[5] Gareis, Handelsrecht, § 59 III 2 S. 411.
[6] Vgl. Gareis in Endemanns Handb. § 269 2 S. 627. 635 und seine Bezugnahme auf die Celler Entscheidung. Darüber vergleiche Barkhausen, S. 35. 37/38.
[7] Barkhausen S. 51. Vgl. Goldschmidt Handb. II S. 82 N. 26.
[8] Goldschmidt, in s. Ztschr. Bd. XXX. S. 58/59.
[9] Conze, Kauf nach hanseatischen Quellen § 25 S. 62.
[10] Dernburg, preuss. Privatrecht Bd. II § 73 Note 1.

Gläubiger zur Abnahme der schuldigen Leistung angehalten werden könne, ist häufig bei Sachleistungen, namentlich Käufen, Vertragsabsicht. Der Verpflichtung des Verkäufers, zu liefern, steht hier die des Käufers abzunehmen regelmässig gegenüber". Bechmann[11]) ferner führt zutreffend aus, dass „für den Käufer einmal der Vorteil entstehe, dass er sich die Sache sichere, andererseits aber auch der Nachteil, dass er sie nehmen müsse." Beim Kauf Zug um Zug leuchtet dies ein; der Kauf soll den Warenaustausch vermitteln, der Verkehr erfordert deshalb zu nehmen, was man zu nehmen versprochen hat. Das Maassgebende ist nicht, dass der Verkäufer ein Interesse an der Abnahme, einen Vorteil davon hat z. B. um seine Firma und seine Marke bekannt zu machen, sondern es soll derjenige, welcher seine Verpflichtung erfüllen will, nicht zu Schaden kommen, weil sein Mitkontrahent seine Berechtigung nicht ausüben will. Die Abnahme ist also eine **Vertragspflicht**, die Klage demgemäss die Kontraktsklage, die actio venditi.

Das Reichsgericht stellt allerdings die Klage auf Abnahme in Abrede (s. RG. XIV, 247); während sonst die Praxis derselben zuneigt.[12]) In den neueren Civilrechtskodifikationen wird fast durchweg dem Verkäufer eine Klage auf Abnahme gegeben,[13]) und so hat denn auch der Entwurf in § 454 Abs. 2 vorgeschlagen: „Der Käufer wird durch den Kaufvertrag **verpflichtet**, dem Verkäufer den vereinbarten Kaufpreis zu zahlen und die **verkaufte Sache abzunehmen**." In den Motiven II S. 318 findet sich dafür die Begründung, dass die Pflicht der Abnahme eine Vertragspflicht aus dem Kaufe sei, ein „**naturale negotii**." Die Anerkennung dieser Verpflichtung sei ein praktisches Bedürfnis.

---

[11]) Bechmann, Kauf II § 134 S. 101.
[12]) ROHG VII 357/358. Busch, Arch. f. HR. XVIII S. 85/86. 87. Ztschr. f. HR. XXIII S. 67. 68/70. Gruchot XXXI. S. 939. RG V 393. Busch, Arch. f. HR. XXV S. 247. ROHG XXIII. 84.
[13]) ALR I 11 § 215. Östr. b. Gesb. § 1062. Schweiz. OBL. R. art. 260. Hess. Entw. art. 21. Dresd. Entw. art. 433.

§ 9.
Anwendbarkeit vorstehender Rechte.

Durch die vorausgegangenen Erörterungen sollte festgestellt werden, dass der Verkäufer bei mora accipiendi des Käufers berechtigt ist, die Ware preiszugeben, zu verkaufen, zu deponieren oder auf Abnahme derselben zu klagen. Sehr verschiedene Anschauungen herrschen aber darüber, ob im römischen Recht der Verkäufer nach freier Wahl ein beliebiges der vier Rechte zur Ausübung bringen durfte, oder ob er hinsichtlich der Wahl in den einzelnen Fällen Beschränkungen unterlag. Madai, Seuffert und Sintenis [1]) sehen in der Preisgebung ein höchst subsidiäres Recht, das nur zusteht, wenn Deposition und Verkauf nicht möglich sind. Wolff [2]) gestattet: 1) Verkauf. 2) Wenn dieser nicht möglich ist, Dereliktion. 3) Wäre die Dereliktion mit Kostenaufwand verbunden, dann erst die Klage auf Abnahme. Mommsen [2]) gesteht das Preisgebungsrecht „in sehr weitem Umfang zu". Windscheid [2]) lässt die Preisgebung dann zu, wenn das Behalten der Sache für den Schuldner mit Aufopferung verbunden wäre. Hoffmann [2]) sagt: „bei Abnahmeverzug des Käufers kann der Verkäufer nach römischem Civilrecht den Kaufgegenstand deponieren oder preisgeben". Ulrich [2]) hält in erster Linie die Deposition für erforderlich; nur subsidiär Dereliktion oder Verkauf. Die Klage auf Abnahme leugnet er gänzlich. Nur Endemann [3]) sagt: „nach römischem Recht ist grundsätzlich der Verkäufer befugt, die Ware preiszugeben".

Auch unserer Ansicht nach ist in Rom das Preisgebungsrecht das prinzipale Recht gewesen, das dem Verkäufer bei

---

§ 9. [1]) Madai, S. 479. Seuffert, Pand. II § 248 Note 6. Sintenis, II § 93 S. 214.

[2]) Wolff, S. 489/493. Mommsen, S. 312. Windscheid, II § 346 zu Note 6. Hoffmann im Arch. f. ziv. Pr. N. F. III No. 7 S. 168. Ulrich, S. 85. 86. 93. 3.

[3]) Endemann, Handelsrecht (2. Aufl.) § 114 S. 574.

mora accipiendi zustand. Dies unterläge um so weniger einem Zweifel, wenn die Bestimmung in den XII Tafeln enthalten gewesen sein sollte. Die Dereliktion war in der älteren Zeit aber auch das einzige Recht; machte der Verkäufer von ihr keinen Gebrauch, so musste er die Sache bei sich fernerhin aufbewahren. Die Dereliktion wird aber meistens nicht praktisch gewesen sein; man denke, der Verkäufer hätte einen dem Ädilen für die Zirkusspiele verkauften Elephanten derelinquieren wollen. Für die Dereliktion ist es unbedingt notwendig, dass das Aufgeben des Eigentums deutlich äusserlich hervortritt. In solchen Fällen aber würde sicher der Verkäufer mit actio legis Aquiliae oder actio de pauperie für den entstandenen Schaden haftbar gemacht worden sein. Bei kleineren Sachen, die in der Aufbewahrung nicht genierten, z. B. eine Pergamentrolle, hatte er kein Interesse an der Dereliktion. Schliesslich machte sich auch eine Reaktion gegen dieses rigorose Recht aus humaner Tendenz geltend, wie sie uns bei Pomponius entgegentritt; denn in l 8 D. 33, 6 erklärt er, wie bereits oben gesagt, das durch den Erben bei Annahmeverzug des Legatars bewirkte Ausschütten des geschuldeten Weins für ein gefahrvolles Handeln.

Es war also der Verkäufer genötigt, die Sache aufzubewahren. Um ihm dies zu erleichtern,[4]) gab man ihm das Verkaufsrecht, wohl erst in der Kaiserzeit. Ulpian lässt es zu und fast gleichzeitig[5]) scheint es uns erwähnt in l 4 C. 4, 48: „cum inter emptorem et venditorem contractu sine scriptis inito de pretio convenit moraque venditoris in traditione non intercessit periculo emtoris rem distractam esse in dubium non venit." Denn distrahere heisst im ganzen Titel „verkaufen", und dass mora accipiendi des Käufers vorliegt, sagen die Worte: cum mora venditoris in traditione

---

[4]) Anders Ernst, die rechtshistorische Begründung der mora. S. 62.

[5]) Ulpians diesbezügliche Schrift ad Sabinum ist unter Caracalla verfasst; Gordian, der in l 4 C. 4, 48 reskribierte, regierte 228/244.

non intercessit.⁶) Wollte man behaupten, es sei hier nur der Satz: periculum est emtoris ausgesprochen, so wäre das moraque non intercessit ganz unnötig, da die Perfektion zum Gefahrsübergang genügt. Auch müsste, wenn man Untergang des Kaufgegenstandes annehmen wollte, es „periisse" heissen, nicht „distractam esse". Die Stelle ist vielmehr von einem zweiten Verkauf zu verstehen, den der Verkäufer infolge der mora accipiendi des Käufers vornimmt.

Im heutigen gemeinen Recht herrscht über die vier dem Verkäufer zustehenden Befugnisse ziemliche Einstimmigkeit. Im allgemeinen ist maassgebend der Grundsatz, dass „der Verkäufer bei mora accipiendi des Käufers von seinen Befugnissen der Selbsthilfe Gebrauch machen soll, indem er, so weit es ohne eigenen Nachteil geschehen kann, in der dem Käufer mindest nachteiligen Weise verfährt".⁷) Dem entsprechend gilt folgendes:

Das Depositionsrecht ist das prinzipale, es steht stets zu,⁸) soweit thunlich d. h. so weit die zuständige Hinterlegungsstelle die Kaufgegenstände annimmt, in den preussischen gemeinrechtlichen Gebietsteilen, also nur gemäss Hinterlegungsordnung § 1.⁹)

Wenn die Aufbewahrung oder die Deposition Kosten oder Unbequemlichkeit verursachen würde, darf der Verkäufer den Privatverkauf vornehmen.¹⁰)

Sind Deposition und Privatverkauf unmöglich, so hat der Verkäufer das Recht, den Kaufgegenstand preiszugeben.¹¹) Diese Befugnis ist also höchst subsidiärer Art.

---

⁶) Vgl. dazu l 6 C. 4, 48. l 3 § 4 D. 19, 1 u. das oben § 4 S. 12 gesagte.
⁷) Seuff. Arch. XI No. 231.
⁸) Mühlenbruch II § 357. S. 324. Seuffert, II § 248 Note 6. Pauli, S. 171. Dernburg, II § 43. 3. b). Mommsen, III S. 312/313.
⁹) Bei Immobilien ist Deposition stets unthunlich.
¹⁰) Wolff, mora § 44 S. 490. Treitschke § 77 S. 274. Mommsen, III § 32 S. 313. Pauli, 171/173. Ulrich, S. 93. Seuff. Arch. VIII No. 351.
¹¹) Wolff, mora § 44 S. 491. Wolff in Löhrs Zentralorgan I. S. 204. Mommsen, III § 32. S. 313. Ulrich, S. 86. Sächs. b. Gesb. § 757.

Verschieden sind die Ansichten über die Anwendbarkeit der Klage auf Abnahme. Während Wolff (mora § 44 S. 492) sie nur anerkennen will, wenn Deposition und Verkauf unthunlich sind und die Preisgebung mit Kosten verknüpft wäre, erklärt sie Treitschke (§ 77) allgemein für statthaft, als ein prinzipales Recht. Die letztere Ansicht halten wir für die richtigere und den Bedürfnissen des Verkehrs entsprechendste.

§ 10.
Die Rechte nach dem Entwurf.

Nach dem Entwurf eines bürgerlichen Gesetzbuches für das deutsche Reich stehen dem Verkäufer bei Annahmeverzug des Käufers folgende Rechte zu:

I. Bei unbeweglichen Sachen nur die Klage auf Abnahme (EBG § 459 Abs. 2, arg. § 272. 278).

II. Bei beweglichen Sachen:

nach Wahl entweder

1) die Klage auf Abnahme (EBG § 459 Abs. 2)

oder

2) a. bei Geld oder Wertpapieren: öffentliche Hinterlegung (EBG § 272), und zwar bei der Hinterlegungsstelle des Leistungsortes (§ 273 Abs. 1.) Soweit thunlich soll der Käufer von der Hinterlegung benachrichtigt werden (§ 273 Abs. 2).

b. bei allen anderen beweglichen Sachen: öffentlicher Verkauf mit nachfolgender öffentlicher Hinterlegung des Erlöses. Eine Androhung ist erforderlich, ausser wenn die Sache dem Verderben ausgesetzt und Gefahr im Verzuge ist. Von dem vollzogenen öffentlichen Verkauf soll der Käufer in Kenntnis gesetzt werden. (§ 278).

Die Rechte sub a. und b. schliessen einander aus. Ein Preisgebungsrecht giebt es nicht.

II. Teil.
Handelsrecht.

§ 11.
Geltung des gemeinen Civilrechts neben dem Handelsrecht.

Gemäss HGB art. 1 kommen in Handelssachen, soweit das Handelsgesetzbuch keine Bestimmungen enthält, die Handelsgebräuche und in deren Ermangelung das allgemeine bürgerliche Recht zur Anwendung. Goldschmidt[1]) führt aus: „Solche Institute, welche zwar dem Handelsrecht eigentümlich sind, jedoch nur als Arten eines umfassenderen im bürgerlichen Recht ausgebildeten Gattungsinstituts erscheinen, unterliegen, sofern nicht ihre erkennbare Natur entgegensteht, sowohl den Regeln dieses Gattungsinstituts wie den allgemeinen Regeln des bürgerlichen Rechts. Doch ist dabei mit Vorsicht zu verfahren. So z. B. der Handelskauf. Einzelne, das bürgerliche Recht modifizierende Sätze des Handelsrechts schliessen die Normen des bürgerlichen Rechts nur insoweit aus, als die gewollte Modifikation erkennbar reicht. Z. B. hinsichtlich der mora". Eine solche Schwierigkeit in der Interpretation entsteht nun besonders dann, wenn das Handelsgesetzbuch über gewisse im bürgerlichen Recht enthaltene Rechtssätze stillschweigt; es erhebt sich dann die Frage, ob das Handelsgesetzbuch nur ein Mindestrecht geben wollte, oder ob es eine ausschliessliche Normierung des betreffenden Rechtsverhältnisses beabsichtigt hat. Um dies zu ergründen, bedarf es einer Nachforschung nach den zu Grunde liegenden Rechtsgedanken. In jener Hinsicht wird nun in

---

§ 11. [1]) Goldschmidt, Handb. I § 37 zu Note 10 b.

den Protokollen der Kommission zur Berathung eines allgemeinen deutschen Handelsgesetzbuchs S. 615 hervorgehoben: „Der Entwurf habe sich nicht die Aufgabe gesetzt, ein vollständiges und erschöpfendes System des Kaufvertrags zu geben, sondern habe nur eine Reihe von Bestimmungen treffen wollen, durch welche die Verschiedenheit der hier zu berücksichtigenden Civilgesetzgebungen ausgeglichen, eine Vereinigung unter denselben erzielt, verschiedene Streitfragen abgeschnitten und diejenigen besonderen Rücksichten beachtet würden, welche den Kauf als ein handelsrechtliches Rechtsinstitut beträfen".

Der für uns in Betracht kommende art. 343 des Handelsgesetzbuchs lautet:

„Der Verkäufer ist verpflichtet die Ware, so lange der Käufer mit der Empfangnahme nicht im Verzug ist, mit der Sorgfalt eines ordentlichen Geschäftsmannes aufzubewahren.

Ist der Käufer mit der Empfangnahme der Ware im Verzuge, so kann der Verkäufer die Ware auf Gefahr und Kosten des Käufers in einem öffentlichen Lagerhause oder bei einem Dritten niederlegen. Er ist auch befugt, nach vorgängiger Androhung die Ware öffentlich verkaufen zu lassen; er darf, wenn die Ware einen Börsenpreis oder einen Marktpreis hat, nach vorgängiger Androhung den Verkauf auch nicht öffentlich durch einen Handelsmäkler oder in Ermangelung eines solchen durch einen zu Versteigerungen befugten Beamten zum laufenden Preise bewirken. Ist die Ware dem Verderben ausgesetzt und Gefahr im Verzuge, so bedarf es der vorgängigen Androhung nicht.

Von der Vollziehung des Verkaufs hat der Verkäufer den Käufer, soweit thunlich, sofort zu benachrichtigen; bei Unterlassung ist er zum Schadensersatze verpflichtet."

Es werden also im Handelsgesetzbuch dem Verkäufer zwei Rechte gewährt, das der Deposition und das Verkaufsrecht.

Es fragt sich, ob daneben noch die weiteren Befugnisse, welche das gemeine Recht giebt, zulässig seien. Dies bejahen für das Preisgebungsrecht Wolff[2]) und Endemann[2]) und besonders Lamprecht[3]) und Kosack;[3]) einen formlosen Privatverkauf gestattet Kosack (S. 159). ROHG. VII, 408 sagt: „Die Auffassung mag eine berechtigte sein, dass die Vorschriften des art. 343 nur für die Gebiete aufgestellt seien, in denen nicht schon das bürgerliche Recht dem Verkäufer gegenüber dem säumigen Käufer gleiche oder weitergehende Befugnisse gewähre, also z. B. auch der Verkäufer im Gebiete des gemeinen Rechts bei mora accipiendi des Käufers zum Verkaufe ohne die Beschränkungen des art. 343 befugt sei." Wenn schon dies Urteil die subsidiäre Geltung der gemeinrechtlichen Befugnisse nur sehr unbestimmt ausspricht, so verneinen sie um so entschiedener andere Urteile[4]) und die meisten Commentatoren des Handelsgesetzbuches.[5]) Es verträgt sich das Fortbestehen des gemeinen Rechts auch absolut nicht mit den oben angeführten Absichten, welche bei Ausarbeitung des Handelsgesetzbuchs massgebend gewesen sind. Dies spricht in aller Schärfe und Kürze ROHG XIV S. 292/293 aus: „Durch die gesetzliche Bestimmung des art. 343 ist das Recht des Verkäufers nach jeder Richtung genau begrenzt und bestimmt. Man würde den Sinn des Gesetzes vollkommen verkennen, wollte man annehmen, dasselbe bezeichne nur das geringste Maass der Rechte, welche dem Verkäufer zustehen, lasse aber die Anwendung von Partikulargesetzen, insofern sie dem Verkäufer grössere Rechte einräumen, frei. **Eine derartige Auslegung stände im offenen Widerspruch mit der Tendenz des Handelsgesetzbuches, welches im Handelsverkehr einheitliches Recht schaffen**

---

[2]) Wolff in Löhrs Zentr. O. I S. 204. Endemann, Handelsrecht (2. Aufl.) § 114 S. 574.

[3]) Lamprecht, in Buschs Arch. I (N. F.) 49. Kosack, Handelsrecht § 32 IV 2. d. S. 159.

[4]) Buschs Arch. IV S. 487 ff.: Urteil des Obertribunals vom 6. IX. 64. ROHG XII, 57. XIV, 292/293. XIX, 91. RG V, 62. 98.

[5]) v. Hahn, S. 273. Anschütz, S. 274. Puchelt, S. 236. Keyssner, S. 344. No. 6.

und dem Einfluss der einzelnen Partikularrechte möglichst entzogene Rechtszustände begründen wollte. Wo das Handelsgesetzbuch, indem es gewisse Rechtsverhältnisse regelt, neben seinen Bestimmungen ausnahmsweise den Landesgesetzen bezw. dem bürgerlichen Recht Einfluss gestatten wollte, hat es dies ausdrücklich erklärt wie in art. 308 und 345 Abs. 3". Man hätte noch hinzufügen können, dass durch die Gewährung eines Preisgebungsrechts den Zwecken des Handelsverkehrs durchaus widersprochen wird. Der Handeltreibende ist darauf angewiesen, seine Kunden rücksichtsvoll zu behandeln, er muss sich möglichster Coulanz befleissigen, um dadurch das Publikum für sein Geschäft zu gewinnen und seinen Umsatz zu vergrössern. Er wird also sehr unkaufmännisch handeln, wenn er als Verkäufer die nicht angenommene Ware preisgeben wollte; und in der That erfolgt in der Praxis ein Preisgeben nicht. Ist der Kaufpreis bereits bezahlt, dann bewahrt der Verkäufer unter allen Umständen die Ware ferner auf; liegt gleichzeitig Zahlungsverzug vor, so benutzt er die Rechte aus art. 354; ist aber — wie meist üblich — der Kaufpreis erst an späterem Termin zu zahlen, so wird eine Nichtannahme meist dann vorkommen, wenn der Käufer sich in ungünstigen Vermögensverhältnissen befindet und Insolvenz bevorsteht. Dann aber würde der Verkäufer, wenn er derelinquierte, Gefahr laufen, sich dadurch selbst Schaden zu verursachen, wenn er nämlich später den Kaufpreis nur teilweise oder gar nicht erhält. Die heutige Rechtsanschauung betreffs des Preisgebungsrechts kommt im EBG klar zum Ausdruck.[6]

Auch der Privatverkauf ist unzulässig. Mit Recht sollen durch die Vorschrift des öffentlichen Verkaufs die Interessen des Käufers geschützt werden (Prot. 1374.). Ein Rücktrittsrecht endlich steht nach dem Handelsgesetzbuch ebenfalls nicht zu.[7]

---

[6] Vgl. oben § 4 a. E.

[7] **Regelsberger**, im Archiv f. ziv. Pr. Bd. 50 S. 33. Gareis, Handelsrecht § 59. V. S. 424.

Neben den Befugnissen des art. 343 Abs. 2 steht nur das Recht zur Klage auf Abnahme zu.[8]) Denn die Abnahmepflicht wird als eine Vertragspflicht aufgefasst.[9]) Sie ist in art. 346 geradezu vorgeschrieben: „Der Käufer ist **verpflichtet** die Ware zu empfangen." Allerdings wird der Ausdruck „verpflichtet" von Kohler beanstandet, und auch RG. XIV, 247 gewährt, wie oben S. 32 bemerkt, aus dem art. 346 keine Klage auf Abnahme. Unter „Empfangnahme" ist übrigens ein Doppeltes zu verstehen,[10]) einmal die Abnahme d. h. das faktische Wegnehmen der Ware durch den Käufer und zweitens in engerem Sinn: die Abnahme unter Billigung der Ware. Da nun nach art. 348 der Käufer noch verpflichtet ist, die von einem anderen Ort übersandte Ware jedenfalls vorläufig aufzubewahren, so lassen sich auch art. 343. 346 dahin interpretieren, dass die Empfangnahme, Annahme, Abnahme eine für den Kaufvertrag festgesetzte Verpflichtung ist, die mit Klage erzwungen werden kann.

Bei Verkäufen mit dem Rechte zur Spezifikation kann, wenn der Käufer dieselbe unterlässt, der Verkäufer durch Klage Verurteilung des Käufers zur Spezifikation erlangen.[11])

§ 12.
Berechtigung des Verkäufers zur Aufbewahrung der nicht abgenommenen Ware.

Die Rechte aus art. 343 stehen zu, wenn der Käufer mit der Empfangnahme[1]) im Verzug ist; wann letzteres der

---

[8]) Makower, S. 379 Anm. 12a. Gareis § 59. 5. 2. b. S. 423. Kosack § 272 S. 895. Gad, Handb. des HR. I § 116. S. 227. 238. ROHG. VII, 358/359. XVI, 206. RG. bei Gruchot Bd. 31, S. 938. Anders RG. V, 393. XIV, 247.

[9]) Vgl. auch Thöl, Handelsrecht § 272. S. 895.

[10]) von der Leyen in Goldschmidts Ztschr. XVI. S. 87. Wächter, Handelsrecht I § 26 S. 228. Anschütz S. 269. v. Hahn S. 267. Makower S. 379-388. Auerbach II § 45 S. 58. ROHG. IV, 17. XIV, 292/293. Seuff. Arch. XLIII No. 138 (RG. v. 11. IX. 87). Endemann, § 114. S. 572.

[11]) ROHG. XVI, 206. Römer, Abhandlungen S. 148.

§ 12. [1]) Empfangnahme ist nicht Übergabe, Tradition, sondern Abnahme. Puchelt II S. 230. Anschütz S. 269. ROHG. IV, 17. Vgl. § 11 Anm. 10.

Fall ist, bestimmt sich nach allgemeinen Grundsätzen.[2]) In art. 343 ist also nur von mora accipiendi die Rede; verbindet sich mit derselben eine mora solvendi, so stehen die Rechte aus art. 354 zu.[3]) Für die Anwendbarkeit des art. 343 jedoch ist es gleichgiltig, ob eine Übergabe stattgefunden hat oder nicht.[4])

Wenn das Handelsgesetzbuch in art. 343 die Rechte der Deposition und des Verkaufs giebt, so soll damit natürlich nicht gemeint sein, dass diese Rechte auch ausgeübt werden müssten, dass also dem Verkäufer bei Annahmeverzug des Käufers keine Möglichkeit bliebe, anders mit der Ware zu verfahren. Der Wortlaut des art. 343 sagt ausdrücklich: er **kann** niederlegen, er ist **befugt**, er **darf** verkaufen lassen.[5]) Vielmehr kann der Verkäufer die Ware auch weiter aufbewahren. Über die dann von ihm zu vertretende Haftung hat das Handelsgesetzbuch keine Bestimmungen aufgestellt, und es ist erforderlich, dieselben anderweitig festzustellen. Jedoch stellt sich in dieser Hinsicht wohl die Ansicht von Hoffmann (Arch. f. ziv. Pr. S. 168), als unrichtig dar, wonach der Verkäufer gemäss art. 282 mit der Sorgfalt eines ordentlichen Kaufmanns, für omnis diligentia haften solle. Dies ist schon deshalb nicht anzunehmen, weil bis zur Abnahme der Verkäufer nur mit der Sorgfalt eines ordentlichen **Geschäftsmannes** haftet und nur für Kaufleute art. 282 Platz greift[6]). Die zu prästierende Haftung umfasst also nur dolus und culpa lata, wofür ja auch sonst immer gehaftet wird.[7])

---

[2]) ROHG. VII, 227. RG. I, 56/57. — Der wirtschaftliche Grund des Annahmeverzugs wird in dem Auftreten stark rückgängiger Preiskonjunkturen liegen.

[3]) ROHG. IX, 81. XI, 105. v. Hahn, S. 270 § 6.

[4]) ROHG. IX, 81. 82.

[5]) Entw. zum HGB. S. 138. ROHG. II, 409. VII, 358. v. Hahn S. 271 § 7.

[6]) Prot. 5077. 5078. Anschütz S. 269. Puchelt II S. 204. v. Hahn S. 268 § 4.

[7]) Windscheid II § 265. Prot. 621. 622. Wächter I § 26. S. 228/229.

Hat die Aufbewahrung dem Verkäufer Kosten verursacht, so kann er natürlich deren Ersatz verlangen. Aber auch ohne dass dies der Fall war, kann er Vergütung beanspruchen. Denn art. 290 bestimmt, dass ein Kaufmann, der in Ausübung des Handelsgewerbes einem Kaufmann oder Nichtkaufmann Geschäfte besorgt oder Dienste leistet, dafür auch ohne vorgängige Verabredung, wenn es sich um Aufbewahrung handelt, Lagergeld nach den am Ort üblichen Sätzen fordern dürfe. Dies trifft hier zu, und es muss der Käufer dem Verkäufer — sofern letzterer Kaufmann ist — ohne besonderen Nachweis von Schaden, Kosten oder Aufwendungen Vergütung für die Aufbewahrung leisten (ROHG. VII, 363. IX, 53;54). Auch wenn der Verkäufer an der Ware nur ein Retentionsrecht geltend machte, so ist dadurch die Geltendmachung seines Anspruchs auf Vergütung nicht gehindert.[8])

Besonders ist noch die Frage zu erwägen, ob der Verkäufer zur Versicherung der nicht abgenommenen Waren verpflichtet ist. Dies ist im Allgemeinen zu verneinen; jedenfalls kann einem Nicht-Kaufmann eine solche Pflicht nicht auferlegt werden. Nur dann ist eine Versicherung vorzunehmen, wenn ein ordentlicher Geschäftsmann in derartigen Fällen zu versichern pflegte oder wenn der Verkäufer alle bei ihm befindlichen Waren versicherte.

v. Hahn (S. 269 § 5) verlangt eine Versicherungsnahme in folgenden Fällen:

1) Wenn der Käufer annehmen durfte, dass der Verkäufer versichert hatte, und deswegen die Versicherung seinerseits unterliess.

2) Wenn der Ware eine Gefahr drohte, von welcher der Käufer keine Kenntnis hatte, und gegen welche der ordentliche Geschäftsmann unter den vorhandenen Verhältnissen Versicherung zu nehmen pflegt z. B. wenn der Lagerungsort Überschwemmungen ausgesetzt war.

---

⁸) RG. I, 284.

Die ihm wegen der Aufbewahrung gebührenden Vergütungen macht der Verkäufer mittelst Klage oder mittelst Einrede geltend und hat zur Sicherung ein Retentionsrecht an der verkauften Ware.

§ 13.
Depositionsrecht.

Wenn der Käufer mit der Empfangnahme im Verzuge ist, also Abnahmeverzug vorliegt, so giebt HGB. art. 343 dem Verkäufer das Recht „die Ware auf Gefahr und Kosten des Käufers in einem öffentlichen Lagerhause oder bei einem Dritten niederzulegen." Dieses Depositionsrecht steht dem Verkäufer ohne Weiteres zu d. h. einer besonderen Androhung bedarf es nicht.[1] Der Verkäufer kann in solchem Falle „die Ware" deponieren d. h. jede Ware, soweit deren Deposition überhaupt möglich ist. Es kommen hier wieder die durch die Landesrechte oder die Lagerhausordnungen gegebenen Beschränkungen in Betracht.[2]

Die Deposition ist aber nicht nur auf den Fall des Kaufes beschränkt, sie ist auch zulässig bei einem Genuskauf. Der Verkäufer scheidet dann die im Kauf bestimmte Quantität aus und hinterlegt dieselbe.[3] Bei der Hinterlegung haftet er zwar für Verschulden in der Auswahl (des Depositars) — culpa in eligendo — im Übrigen jedoch nicht für omnis culpa[4], sondern nur für dolus und culpa lata.[5]

---

§ 13. [1] Anschütz S. 273. Ziffer VI.
[2] So sind gemäss der Frankfurter Lagerhausordnung feuergefährliche Waren von der Aufnahme ins Lagerhaus ausgeschlossen. In der Regel werden nur die im Tarif bezeichneten Waren und Produkte zur Einlagerung übernommen. Über die Bedingungen der Einlagerung sonstiger Waren und Produkte bleibt besondere Übereinkunft mit der städt. Lagerhaus-Verwaltung vorbehalten.
[3] ROHG XXIV, 23.
[4] So Puchelt II S. 232. Seuff. Arch. XXIII No. 247.
[5] So Anschütz S. 273. v. Hahn S. 272.

Dies folgt aus dem allgemeinen Satze, dass vom Annahmeverzug an der Verkäufer nur noch für Arglist und grobe Fahrlässigkeit einzustehen hat.

Über den Ort, an dem die Deposition vorgenommen werden kann, bestimmt das Gesetz:
1) in einem öffentlichen Lagerhaus,
2) bei einem Dritten.

Was unter einem öffentlichen Lagerhaus zu verstehen sei, darüber giebt das Gesetz keinen Aufschluss. Wollte man anlehnend an art. 302 den Begriff definieren als: eine zur Aufbewahrung von Waren und anderen beweglichen Sachen staatlich ermächtigte Anstalt, so wäre dies zu eng. Denn zur Errichtung der Lagerhäuser bedarf es keiner besonderen staatlichen Genehmigung. Vielmehr ist unter einem öffentlichen Lagerhaus wohl ein solches zu verstehen, dessen Benutzung jedermann freisteht.[6]) Immerhin wäre es aber auch denkbar, dass die nicht staatlichen Lagerhäuser in die zweite Kategorie „Lagerung bei einem Dritten" gehörten.[7]) Infolge der Statthaftigkeit der Deposition bei einem Dritten ist übrigens auch Deposition bei Gericht möglich, jedoch hält ROHG. XXIV, 32 dieselbe nur subsidiärer Weise für zulässig.

Über die Wirkung der Deposition enthält das Handelsgesetzbuch nur die Bestimmung, dass die Deposition „auf Gefahr des Käufers" geschehe. Allein da die Gefahr der Käufer schon von Perfektion des Kaufes an, bei Genuskäufen von dem Momente des Annahmeverzuges an zu tragen hat, und also diese Bestimmung nichts Neues enthält, so muss

---

[6]) So scheint den Begriff zu verstehen Riesser, Entwurf eines Gesetzes betr. das Lagerhausgeschäft in § 2 u. 4. (Enthalten in s. Revision zum HGB. II S. 213/214.)

[7]) Dem Lagerhauswesen und den damit verbundenen Warrants ist bis jetzt trotz langer lebhafter Agitation in Deutschland noch keine gesetzliche Regelung zu Teil geworden, daher eine zahlreiche Litteratur Vgl. Goldschmidt I § 76. Felix Hecht, die Warrants. Beilage zu Goldschmidts Ztschr. Bd. XXIX. Cohn in Endemanns Handb. § 432. Bayerdörffer, das Lagerhauswesen und Warrantsystem in Conrads Jahrbücher XXXI. Riesser, Revision II § 21 S. 164/231. Österreichisches Lagerhausges. v. 28. IV. 89.

in jener Hinsicht auf die Landesrechte zurückgegangen werden.[8]) Demgemäss sind die Wirkungen der Deposition in den Gebieten des gemeinen Rechts dieselben, wie sie in § 7 für das gemeine Recht geschildert worden sind: es tritt also durch die Hinterlegung vollständige Befreiung ein. Ebenso ist es nach preussischem Landrecht.[9])

In den staatlich dazu ermächtigten Anstalten pflegt über die eingelieferte Ware ein Lagerschein ausgestellt zu werden,[10]) und der Eigentümer des Lagerhauses detiniert die Waren für den sich legitimierenden Inhaber des Lagerscheins. Da nun der Verkäufer, wie gesagt, durch die Niederlegung von seinen Verbindlichkeiten aus dem Kauf befreit wird, so hat er nur die Verpflichtung, den durch die Niederlegung erlangten Anspruch gegen den Depositar auf Auslieferung der Ware dem Käufer zu cedieren. Er bewerkstelligt dies am einfachsten, indem er von vornherein den Lagerschein auf den Namen des Käufers ausstellen lässt; lautet jedoch der Lagerschein auf seinen, des Verkäufers, Namen, und ist er an Ordre gestellt, so befreit sich der Verkäufer von seinen Verpflichtungen durch Indossierung des Lagerscheins oder durch einfache Hingabe desselben an den Käufer.[11])

Die Hinterlegung geschieht „auf Kosten des Käufers," die Lagerhausverwaltung oder der Dritte kann sich daher wegen derselben direkt an den Käufer halten.

Es erübrigt noch die Frage, ob die Rechte zur Deposition in öffentlichem Lagerhaus oder zur Hinterlegung bei einem Dritten sich ganz gleich stehen oder ob etwa das letztere nur subsidiärer Art ist. Nach dem Wortlaut des Handelsgesetzbuchs sind beide Auffassungen möglich, da aber

---

[8]) Mandry, der civilrechtliche Inhalt der Reichsgesetze § 41. III. S. 377 u. 379.
[9]) ALR. I 16 § 213.
[10]) HGB. art. 302. Anschütz S. 130 ff. — Über Lagerpapiere s. bes. Goldschmidt I § 76.
[11]) v. Hahn S. 272 § 7.

in keiner der Kommissionsverhandlungen von einer Subsidiarität die Rede war, so ist wohl anzunehmen, dass der Verkäufer nach freiem Belieben in dieser oder jener Weise deponieren kann.[12]) In der Praxis kommt allerdings die Hinterlegung bei einem Dritten nur subsidiär zur Anwendung.

Selbsthilfeverkauf.

§ 14.
Wesen des Selbsthilfeverkaufs.

Des Weiteren giebt art. 343 die Befugnis, die Ware zu verkaufen. Es ist dies ein Verkauf in eigenem Namen für fremde Rechnung.[1]) Der Verkäufer nimmt den Verkauf vor **kraft eigenen** Rechts, ähnlich wie der Pfandgläubiger. Der Verkauf ist ein Akt erlaubter Selbsthilfe.[2]) Es liegt dann eine indirekte Stellvertretung vor, d. h. die Wirkungen des Geschäfts treten nur zwischen dem Verkäufer und dem neuen Käufer ein, aber der säumige Käufer kann vom Verkäufer die Abtretung der erlangten Rechte fordern. Der Verkauf ist ferner negotiorum gestio, nämlich dann, wenn er lediglich im Interesse des säumigen Käufers geschieht.[3]) Er geschieht aber in der Regel nicht **nur** in demselben, er ist nicht **nur** „eine konservatorische Massregel im Interesse des Käufers",[4]) sondern er geschieht in gleicher Weise im Interesse des Verkäufers selbst.[5]) Denn der Zweck des Verkaufs ist der, dem Verkäufer in der Aufbewahrung Erleichterung zu verschaffen, während dagegen die Vorschrift

---

[12]) So v. Hahn S. 272 § 8.
§ 14. [1]) Buschs Arch. XIII, 228. Anschütz S. 277. XI. v. Hahn S. 277.
[2]) Prot. S. 1460. Puchelt II S. 232.
[3]) Puchelt II S. 233. ROHG. VII, 66 ff. 407. 408. IX, 118.
[4]) Ladenburg in Goldschmidts Ztschr. III S. 469.
[5]) ROHG. XXI, 158/159. RG. V, 63/64. — Hierin stimmt das heutige Recht wieder mit dem römischen Recht überein, in welchem der Verkauf **nur** im Interesse des **Verkäufers** geschah.

der Öffentlichkeit des Verkaufs, wie bereits oben gesagt, nur zur Feststellung des höchsten erreichbaren Preises dienen soll.⁶)

Der Selbsthilfeverkauf ist **nicht** als ein Rücktritt vom Verkauf mit Schadensersatzforderung wegen Nichterfüllung zu betrachten (ROHG. IX, 118), vielmehr tritt durch den Verkauf an Stelle des kontraktlichen Kaufobjekts ein anderer Leistungsgegenstand, der Erlös aus dem Selbsthilfeverkauf.⁷)

Das Selbsthilfeverkaufsrecht steht zu, gleichviel ob die Tradition bereits erfolgt ist oder nicht, gleichviel auch ob der Kaufpreis bezahlt ist oder nicht (RG. VIII, 23). Thatsächlich ändert also die Tradition an dem Selbsthilfeverkaufsrecht nichts, und rechtlich nur insofern, als vor der Tradition der Verkäufer Eigentümer ist, während er nach derselben fremdes Eigentum kraft eigenen Rechts verkauft.

§ 15.
Arten und Voraussetzungen des Selbsthilfeverkaufs.

Der Selbsthilfeverkauf kann öffentlich oder durch einen Handelsmäkler bezw. durch einen zur Versteigerung befugten Beamten geschehen. Ausgeschlossen ist nur der Privatverkauf;¹) dies geht schon aus dem Wortlaut des Gesetzes hervor: er ist befugt **öffentlich verkaufen zu lassen**, und die Kommisssion zur Beratung eines Handelsgesetzbuchs war darüber einig, dass zum Schutze des säumigen Käufers solche Bestimmungen getroffen werden müssten, welche die Willkür des Verkäufers hinderten, und dass dies am besten durch Vorschrift öffentlichen Verkaufs erreicht werde.²)

---

⁶) RG. vom 19. IV. 84 bei Gruchot Bd. XXVIII S. 1066.
⁷) Puchelt II S. 233. ROHG. IX 82/83. 118. RG. V, 61 oben. 65.
§ 15. ¹) Anschütz S. 274. Note 13. S. 275 oben.
²) Prot. 624/629. 1374. ROHG. VII, 406.

Unter „öffentlichem" Verkauf ist der Verkauf durch das Gericht nicht mit inbegriffen;³) ursprünglich beabsichtigte man allerdings den gerichtlichen Verkauf sogar vorzuschreiben (Entw. HGB. art. 260), man sah aber davon ab, indem man erkannte, es liege nicht im Interesse der Kontrahenten, wenn sich das Gericht in diese Fragen einmische. Ausserdem pflege erfahrungsgemäss durch gerichtlichen Verkauf nicht der höchste Preis erzielt zu werden. Daraus folgt, dass die Möglichkeit des gerichtlichen Verkaufs ausgeschlossen sein soll, und dass sogar, wenn der Verkäufer das Gericht um Verkauf anginge, dieses den Antrag zurückweisen müsste.⁴)

Der öffentliche Verkauf muss durch öffentliche Versteigerung erfolgen;⁵) es genügt jedoch nicht, dass er in einem öffentlichen Lokal geschieht, zu dem jedermann Zutritt hat.⁶) Da beim Handelskauf Immobilien ausgeschlossen sind, so kommt die Subhastation nicht vor. Für die weiteren Formen der Versteigerung sind die Landesrechte und die örtlichen Gewohnheiten massgebend,⁷) insbesonders muss darauf geachtet werden, dass durch Bekanntmachungen eine möglichst grosse Zahl Kauflustiger herangezogen werde (ROHG. XIV, 335). Die Versteigerung wird durch den dazu befugten Beamten vollzogen; ein Verkauf, der durch eine obrigkeitlich nicht autorisierte Persönlichkeit erfolgt, ist, wie ROHG. XIV, 355 annimmt, nicht als öffentlicher Verkauf anzusehen.

Nur dann ist der öffentliche Verkauf nicht nötig, wenn die Ware einen Börsenpreis oder einen Marktpreis hat. Eine Verpflichtung aber soll hierdurch dem Verkäufer nicht auferlegt werden, denn es heisst nur, er „darf den Verkauf

---

³) Östr. oberst. Gerichtshof vom 9. IX. 63 in Busch Arch. II. S. 222. Anders Entsch. v. 28. III. 65 in Busch Arch. IX S. 95.
⁴) Anschütz S. 277. X. Busch Arch. II S. 222.
⁵) Anschütz S. 274. VII. Goldschmidt S. 941 Note 44. ROHG. XIV, 331. XX, 23/25.
⁶) v. Hahn S. 275 § 12. ROHG. XVI, 92.
⁷) Koch, Versteigerungen in Busch Arch. IV S. 261 ff. Regelsberger, Civilrechtl. Erörterungen Heft I. S. 162 ff. ROHG. XIV, 330. XVI, 93. XX, 23. RG. V, 95.

nicht öffentlich bewirken". Um diese Bestimmung deutlich zu machen, war bei der Beratung des Handelsgesetzbuchs in zweiter Lesung in das Gesetz eine Definition des Begriffes Marktpreis aufgenommen worden. Dazu bemerkt Heimsöth[8]: "Über die Ware, welche einen Markt- oder Börsenpreis an einem Ort haben soll, muss eine erhebliche Anzahl von Geschäften an diesem Orte geschlossen worden sein, sodass an diesem Orte ein gemeiner Preis oder Durchnittspreis für diese Ware besteht, welchen man mit Sicherheit als von den besonderen Verhältnissen der Kontrahenten und von den sonstigen speziellen Umständen eines einzelnen oder weniger einzelner Geschäfte unabhängig betrachten kann". Es entsteht auch in der That im praktischen Leben nicht leicht ein Streit darüber, ob eine Ware einen Börsen- oder Marktpreis habe oder nicht. Der Börsenpreis ist nur eine Art des Marktpreises, nämlich, der an der Börse bestimmte Marktpreis. Der Marktpreis aber ist "derjenige Preis, welcher für eine Ware gewisser Gattung und Art von durchschnittlicher Güte an dem Handelsplatze, wo sie einen Markt hat, und in dessen Handelsbezirk zu einer gewissen Zeit im Durchschnitt gewährt wird".[9]

Der "nicht öffentliche" Verkauf muss geschehen durch einen Handelsmäkler oder, in Ermangelung eines solchen, durch einen zu Versteigerungen befugten Beamten. Handelsmäkler sind gemäss HGB. art. 66 die amtlich bestellten Vermittler für Handelsgeschäfte. Dieselben leisten vor Antritt ihres Amtes einen Eid (art. 66 Abs. 2); jedoch stellt der art. 343 ein besonderes Erfordernis der Vereidigung nicht auf (RG. XVIII, 92). Auch die von dem Vorstand der Produktenbörse — wie in Frankfurt a. M. — ange-

---

[8] Heimsöth, Darstellung des Verhältnisses der Erinnerungen gegen den Entwurf eines Handelsgesetzbuches in 2. Lesung. S. 87. Abgedruckt bei v. Hahn S. 167. § 3.

[9] Goldschmidt II § 64ᵃ S. 101/102. Vgl. überhaupt über "gemeinen Werth und Marktpreis" daselbst S. 95/113. S. auch Rautmann § 15. S. 49/52. Ferner HGB. art. 353.

stellten Mäkler sind als Mäkler im Sinne des art. 343 anzusehen.[10]) Der nicht öffentliche Verkauf soll zum laufenden Preis geschehen; dieser ist im allgemeinen der Marktpreis (Goldschmidt II § 64ᵃ S. 100); er kann aber auch vom Marktpreis verschieden sein z. B. wenn der Verkäufer grosse Quantitäten durch den Mäkler zum Verkauf bringen lässt, die auf den Preis drücken[11]). Einen unter dem laufenden Preis geschehenen Kauf wollte man ursprünglich nicht als für Rechnung des Käufers vollzogen gelten lassen (ROHG. VIII, 98/99). Durch Plenarbeschluss des Reichsoberhandelsgerichts aber wurde festgestellt, dass ein solcher Verkauf doch ein giltiger Selbsthilfeverkauf sei; nur muss, wenn der säumige Käufer den Beweis führt, dass der laufende Preis ein anderer gewesen sei, sich der Verkäufer die Anrechnung desselben gefallen lassen.[12])

Erste Voraussetzung des Selbsthilfeverkaufs ist Annahmeverzug des Käufers. Ein Unterschied in Bezug auf den Eintritt der mora accipiendi besteht gegenüber dem gemeinen Recht nicht. Auch ist die Zulässigkeit des Selbsthilfeverkaufs nicht dadurch bedingt, dass der Verkäufer ein besonderes Interesse daran habe.[13]) Weitere Voraussetzung ist eine vor der Ausführung des Selbsthilfeverkaufs erfolgende Androhung.[14]) Der Zweck derselben ist, dem Käufer die Möglichkeit zu gewähren, seine mora zu purgieren und eventuell sein Interesse durch Teilnahme am öffentlichen Verkauf wahrzunehmen. Die Androhung kann mit dem Angebot der Leistung verbunden sein,[15]) sie muss aber stets erfolgen, selbst wenn der Käufer im Voraus die Verweigerung der Annahme erklärt hat.[16]) Jedoch ist in diesem

---

[10]) Busch Arch. VIII S. 322.
[11]) v. Hahn S. 275 § 14.
[12]) ROHG. X, 368.
[13]) RG. V, 63/64. Anders Pauli S. 171/173.
[14]) Dass dies nicht eine wirkliche „Drohung" sein müsse, bemerkt ROHG. XIX, 293.
[15]) ROHG. XII, 24. XXIII, 169.
[16]) RG. I, 310/311.

Falle die Androhung bereits **vor** dem Eintreffen der Ware gestattet (ROHG. X, 238.).

Die Androhung ist nötig für den öffentlichen wie für den nicht-öffentlichen Verkauf; sie ist bei beiden Verkaufsarten die gleiche.[17]) Denn nur der Deutlichkeit wegen sind im art. 343 bei dem nicht-öffentlichen Verkauf die Worte „nach vorgängiger Androhung" wiederholt. Es sollte dadurch jedem Zweifel entgegengetreten werden, als sei etwa beim nicht-öffentlichen Verkauf die vorgängige Androhung kein Erfordernis; aber keineswegs folgt aus diesem redaktionellen Zusatz, dass die Androhung beim öffentlichen Verkauf und beim Verkauf durch einen Handelsmäkler eine verschiedene sein müsse. Auch der Meinung, dass bei Nichtangabe der Verkaufsart der öffentliche Verkauf als gewollt anzusehen sei,[18]) ist nicht beizutreten; vielmehr steht die Verkaufsart im freien Belieben des Verkäufers, sofern er nur dem säumigen Käufer mitgeteilt hat, er werde die Ware veräussern. Rautmann bekämpft (S. 40/41) eingehend die Ansicht „dass ein Mahnbrief genüge, der auf die Folgen des Verzugs im allgemeinen hinweise (Östr. Oberst. Gerichtshof vom 28. III. 65 in Busch Arch. IX, S. 94 ff.)". Man könne nicht argumentieren, dass die allgemeine Androhung der Folgen des Verzugs bereits auch die besondere des Verkaufs enthalte. Richtig bemerkt er, dass „solche Auslegung dem Wortlaute unseres Artikels nicht entspricht"; unrichtig aber ist die Bemerkung „sie stehe dem Sinne des Artikels geradezu entgegen". Der Zweck der Androhung ist der, dem Käufer die Möglichkeit zu gewähren sein Interesse zu wahren d. h. mora zu purgieren, **nicht** der, dass er den Verkauf möglichst günstig gestalten könne. Will er also mora purgieren, so kann er es auf die allgemeine Androhung hin; will er es nicht, so liegt kein Grund vor, ihn besonders zu schützen.

---

[17]) ROHG. VII, 49. RG. I, 6. v. Hahn S. 274. § 12. Anders Anschütz S. 276. IX zu Note 20.
[18]) ROHG. X, 242.

der Verkäufer kann dasjenige Mittel wählen, welches ihm am besten zusagt. Rautmanns Ansicht steht auch im Widerspruch mit der thatsächlichen Übung. Denn eine in dem Geschäftsleben ganz häufig vorkommende Form der Androhung ist: „Wir machen Sie hiermit darauf aufmerksam, dass, falls Sie die Ware bis zum 15. crt. nicht abgenommen haben, wir von den uns nach art. 343 zustehenden Rechten Gebrauch machen werden" und selbst die Form gilt als anwendbar: „Wir machen Sie auf die Folgen des Verzugs aufmerksam, falls Sie die Ware nicht bis zum 15. crt. abnehmen"; wenngleich ein Kaufmann in der Regel versichtshalber sich möglichst bestimmter ausdrücken wird.

Mit der Androhung ist die Bezeichnung einer gewissen Frist zu verbinden, innerhalb deren es dem säumigen Käufer freisteht, durch nachträgliche Abnahme seine mora zu purgieren. Die Dauer der Frist bestimmt sich nach diesem Zwecke,[19]) kann aber von dem Verkäufer nach Gutdünken ex fide bona bemessen werden. Den Verkaufstermin selbst braucht der Verkäufer dem Käufer nicht anzuzeigen[20]); hätte der Käufer die Absicht, mitzubieten, so kann er, wie jeder andere Kauflustige, seine Information den öffentlichen Bekanntmachungen entnehmen.

Nur in einem Falle bedarf es der Androhung nicht, wenn nämlich die Ware dem Verderben ausgesetzt und Gefahr im Verzuge ist. Es ist nötig, dass alle beide Erfordernisse zugleich vorliegen. Müsste z. B. bei Industriepapieren der Verkäufer, falls er die Androhung vollzieht und eine Frist setzt, befürchten, dass innerhalb der Frist die Papiere im Kurse sinken möchten, so giebt dies doch dem Verkäufer kein Recht die Androhung zu unterlassen.[21]) Tritt Gefahr bei verderblicher Ware ein, nachdem bereits Androhung erfolgt und eine Frist gesetzt ist, so kann der Verkäufer

---

[19]) ROHG. XIX, 293/294.
[20]) ROHG. VII, 49.
[21]) v. Hahn S. 277. § 17.

sofort den Verkauf bewirken, ohne Einhaltung der Frist, und es wird der so vollzogene Verkauf trotzdem als ein formgerechter Selbsthilfeverkauf zu betrachten sein.[22])

Für Fixgeschäfte ist gemäss art. 357 Abs. 2 eine Androhung nicht erforderlich; es ist aber zu beachten, dass die Voraussetzungen für den art. 357 in art. 354 liegen, und dass in art. 354 ausdrücklich die Bedingung aufgestellt wird, dass der Käufer mit der Zahlung des Kaufpreises im Verzug und die Ware noch nicht übergeben sei. Auch bei Fixgeschäften, wenn kein Zahlungsverzug, sondern lediglich mora accipiendi des Käufers vorliegt, käme folgerecht art. 343 Abs. 2 zur Anwendung und würde also Androhung nötig sein. Jedoch „da die Verkaufsandrohung zunächst den Zweck hat, den Käufer noch zur Abnahme zu veranlassen und ihm hierzu noch eine Frist zur Nachholung eröffnet werden muss, so ist sie bei Fixgeschäften n i c h t erforderlich; denn in diesen Geschäften kann kein Kontrahent eine Frist zur Nachholung der fälligen Erfüllung verlangen."[23])

Es ist bestritten, ob der Verkauf gemäss art. 343 derselbe sei, wie der in art. 311 behandelte. Anschütz[24]) verneint dies. Allerdings ist in art. 311 keine Androhung vorgeschrieben. Aber dies ist auch der einzige Unterschied. Im Übrigen sind die Formvorschriften des art. 343 denen des art. 311 nachgebildet.[25]) Daraus folgt, dass der in den beiden Artikeln vorgeschriebene Kauf derselbe ist.

Ist der Verkauf in der Weise des art. 343 nicht thunlich, so berechtigt dieser Umstand doch nicht zum Privatverkaufe, der Verkäufer muss dann auf den Verkauf verzichten. Eine Anzeige vom vollzogenen Verkaufe[26]) ist nicht erforderlich, aber ihre Unterlassung macht den Verkäufer dem Käufer schadensersatzpflichtig. Letzterem wird

---

[22]) Rautmann S. 44.
[23]) Gareis in Endemanns Handb. II S. 726.
[24]) Anschütz S. 274. 275. 276.
[25]) Puchelt II S. 233. v. Hahn S. 272 § 8. ROHG. VII, 406/407.
[26]) Vgl. Rautmann § 17 S. 54/56.

indessen selten ein Schaden erwachsen,[27]) und durch die Worte: „soweit thunlich" ist dem Verkäufer jedenfalls sehr freie Hand gelassen.

§ 16.
Gegenstand des Selbsthilfeverkaufs.

Gegenstand des Selbsthilfeverkaufs ist die im Kaufkontrakt bedungene aber vom Käufer nicht angenommene Ware.[1]) Es darf daher die als Ganzes verkaufte Ware nicht in einzelnen Teilen verkauft werden.[2]) Beim Genuskauf giebt der Annahmeverzug dem Verkäufer das Recht, die Ware zu spezialisieren, wodurch die Gefahr, selbst die des Untergangs, auf den Käufer übergeht.[3]) So hat er also auch hier das Recht, die Ware einseitig zu bestimmen und kann einen giltigen Selbsthilfeverkauf vornehmen, vorausgesetzt nur, dass er die gleiche Quantität und Qualität, wie im Kontrakt vereinbart, zum Verkaufe bringt.[4])

Er ist ferner verpflichtet unter denselben Bedingungen zu verkaufen, wie dieselben im ursprünglichen Kaufkontrakt festgesetzt worden sind. Daher darf er z. B. nicht das Mass der Haftung und Gewährleistung vermindern.[5])

Natürlich ist es nötig, dass der Verkäufer, wenn er zum Selbsthilfeverkauf schreitet, die Ware im Besitz hat;[6]) ebenso, dass sie existent ist. Doch gilt für zulässig z. B. der Verkauf noch nicht geförderter Kohlen, da hier der Ver-

---

[27]) v. Hahn S. 163 § 13.
§ 16. [1]) Puchelt II S. 234. ROHG. XX, 336: „so lange sie noch res integra ist".
[2]) ROHG. XXI, 235f. Rautmann S. 60 § 20.
[3]) ROHG. XXIV, 33.
[4]) ROHG. II, 410. Puchelt II S. 234. v. Hahn S. 274 § 11.
[5]) ROHG. X, 372. RG. vom 19. IV. 84 in Gruchot Bd. 28, S. 1066. RG. XIX, 199 ff. (Auch in Seuff. Arch. XLIII No. 204). — Dass unter Umständen Modifikationen eintreten müssen, führt ROHG. X, S. 371 f. aus. Wir halten die in der Entscheidung vertretene Ansicht für zu weitgehend.
[6]) RG. XI, 113/114.

käufer in der Regel im Stande ist, die Ware sofort zu schaffen. Schwieriger ist das Verhältnis bei den im Eisenhandel häufigen Verkäufen, in denen eine bestimmte Quantität bestimmter Qualität verkauft wird unter der Verabredung, dass der Käufer die Formen nach einer Preisliste bestimmen solle, sog. Verkauf mit dem Recht der Spezifikation[7]). Hier hat der Verkäufer nicht das Recht, bei mora accipiendi des Käufers, d. h. wenn derselbe nicht spezificiert, einseitig die Formen zu bestimmen und so zu verkaufen. auch nicht, wenn er die billigste wählt,[8]) vielmehr ist hier richtiger Gegenstand des Selbsthilfeverkaufs nur der Verkauf der bestimmten Quantität und Qualität mit dem Rechte zur Spezifikation, welch letztere also der neue Käufer vorzunehmen hat.[9]) Ist jedoch nur eine bestimmte Quantität Eisen verkauft, Qualität und Form aber noch nicht bestimmt, sondern dem Ermessen des Käufers überlassen,[10]) so kann, da eine Ware noch gar nicht vorhanden ist, eine wahre mora accipiendi nicht eintreten, es ist also in diesem Fall ein Selbsthilfeverkauf unmöglich.[11])

§ 17.
Ort des Selbsthilfeverkaufs.

Der art. 343 selbst enthält keine Bestimmung darüber, an welchem Orte der Selbsthilfeverkauf vorzunehmen sei: man muss wieder die allgemeinen Grundsätze des Civilrechts hier zu Rate ziehen.[1]) Es käme also in erster Linie der Erfüllungsort in Betracht.[2]) Zweckmässigkeitsrücksichten

---

[7]) Vgl. Römer, Abhandlungen Heft 1 No. IV S. 132.
[8]) Römer S. 139 Note 8. ROHG XVIII, 51.
[9]) ROHG. XV, 146 ff. bes. 149. XXII, 7. Anders Römer S. 142 zu Note 13. Gegen Römer v. Hahn in der Ztschrft. f. HR. Bd. XXIII S. 634/637.
[10]) Vgl. Römer, S. 143.
[11]) ROHG. XVIII, 48 ff.
§ 17. [1]) Seuff. Arch. XLII No. 131. (Auch in RG. XV, 3.)
[2]) ROHG. V, 174.

jedoch können vielfach ein Abgehen von diesem Grundsatz erheischen; so wird bei Distanzgeschäften Verkaufsort der Bestimmungsort sein und, wenn der Käufer bereits vor Absendung der Ware sich in Annahmeverzug versetzt hat, der Absendungsort. Auch wird man annehmen müssen, dass an demjenigen Ort verkauft werden kann, an welchem die Sache sich mit Wissen der Kontrahenten befindet, auch dann, wenn dies der Mitkontrahent hätte wissen müssen.
ROHG. XIV, 422³) will in Bezug auf den Verkaufsort eine Beschränkung nur soweit eintreten lassen, als es für unzulässig erklärt, dass der Verkäufer mit der zu verkaufenden Ware spekuliere und dieser Spekulationsabsicht entsprechend sich einen Verkaufsort aussuche. Nach ROHG. XVI, 425 soll stets der Ort gewählt werden müssen, an welchem sich die Ware zur Zeit des Annahmeverzugs befindet. Indessen derselbe wird oft willkürlich durch das Eintreten des Annahmeverzugs bestimmt. Wenn wir also im Allgemeinen an der Pflicht des Verkäufers, am Erfüllungsort zu verkaufen, festhalten, so wird es doch zulässig sein, dass er z. B. eine marktgängige Ware, die am Erfüllungsort keinen Marktpreis hat, nach einem andern Orte bringt, in dem ein Marktpreis dafür besteht.⁴) Man muss berücksichtigen, dass der Verkauf in beider Kontrahenten Interesse zu geschehen hat, und dass meist das Interesse des Verkäufers eine genügende Veranlassung sein werde, um ihn zur Auswahl des günstigsten Verkaufsplatzes zu bestimmen. Oft aber werden, wenn die Ware sich bereits auf dem Transport befindet, die aus der Weiterbeförderung entstehenden Kosten den Verkäufer veranlassen, die Ware an dem Ort zu verkaufen, wo sie sich gerade befindet.⁵)

---

³) Ebenso RG. XV, 3.
⁴) Keyssner S. 347 No. 6. Dies geben auch zu ROHG. XIV, 422 und RG. V, No. 14 S. 67. Angedeutet auch schon in ROHG. XII, 58.
⁵) Dass daraus nicht ein Rechtssatz abzuleiten sei, des Inhalts, dass der Selbsthilfeverkauf immer an diesem Orte erfolgen müsse, hebt RG. XV, 3 ausdrücklich hervor. Vgl. auch ROHG. IV, No. 4 S. 20. XIII, 59.

§ 18.
Zeit der Vornahme des Selbsthilfeverkaufs.

Auch hierüber enthält der art. 343 keine Bestimmung, der Verkäufer ist daher hinsichtlich der Wahl des Zeitpunkts nicht gebunden.[1] Aber insofern er für dolus und culpa lata einzustehen hat, muss er für eine von diesem Gesichtspunkte aus nicht zu billigende Wahl des Zeitpunkts einstehen. „Es liegt — sagt das ROHG. IX, 84 — auch kein Bedürfnis zu einer Beschränkung bezüglich des Zeitpunkts des Verkaufs vor. Der Käufer ist ja jederzeit selbst in der Lage dadurch weiteren Schaden zu verhüten, dass er seiner Vertragspflicht zur Empfangnahme der Ware genügt, er kann daher dem Verkäufer aus dem Aufschub des Verkaufs, welcher regelmässig im Interesse des Käufers selbst erfolgen wird, einen Vorwurf nicht machen".[2] Schiebt übrigens der Verkäufer den Selbsthilfeverkauf sehr lange hinaus, so kann aus dieser Thatsache ein Verzicht auf denselben gefolgert werden.[3]

§ 19.
Wirkungen des Selbsthilfeverkaufs und Rechtsverhältnisse nach Vollzug desselben.

Bei dem Selbsthilfeverkauf kann der Verkäufer selbst die Sache erstehen;[1] ebenso kann der säumige Käufer den zur Versteigerung gebrachten Kaufgegenstand erstehen. Während diese Sätze im praktischen Bedürfnis ihre Rechtfertigung finden, ist ihre juristische Konstruktion nicht un-

§ 18. [1] Puchelt II S. 234. ROHG. IX, 84.
[2] Vgl. aber auch ROHG. XX, 36: „eine Beschränkung muss aber eintreten, sobald die Zulassung einer verspäteten Ausübung jener Rechte mit allgemeinen Rechtsprinzipien in Widerspruch treten, zu einer durch die Grundsätze des HGB. nicht gerechtfertigten Benachteiligung des säumigen Teils führen würde".
[3] ROHG. XXIII, 85.
§ 19. [1] Busch Arch. XIII, 228. Striethorst Bd. 75 S. 347/348. ROHG. IV, 20. RG. V, 58/63. Anders Anschütz. S. 278 XI zu Note 27.

schwierig. Um zu einem genauen Resultate zu gelangen ist es erforderlich, den Ankauf durch den Verkäufer und den Ankauf durch den säumigen Käufer getrennt zu behandeln. Es beschäftigt sich die nachfolgende Darstellung zunächst nur mit dem Ankauf durch den Verkäufer. Hierbei sind zwei Fälle zu unterscheiden, nämlich der, dass der Verkäufer noch Eigentümer der im Selbsthilfeverkauf zur Veräusserung gelangenden Ware ist, und der, dass er nicht mehr Eigentümer derselben ist.

Nimmt man den letzteren Fall, so muss zunächst darauf geachtet werden, dass der Selbsthilfeverkauf weder nur in des Käufers noch lediglich in des Verkäufers Interesse geschieht. Ferner, dass der Gerichtsvollzieher, der die Versteigerung vornimmt, nicht nur Mandatar des Verkäufers ist; vielmehr nimmt derselbe eine Doppelstellung ein, er ist zugleich öffentlicher Beamter und Mandatar der betreibenden Partei.[2]) Infolgedessen ist allerdings der Ankauf durch den Verkäufer ein Vertragsabschluss „mit sich selbst", aber ein zulässiger, denn die sonst einem solchen entgegenstehenden Bedenken sind hier beseitigt; durch die Öffentlichkeit des Verkaufs ist die Benachteiligung des säumigen Käufers ausgeschlossen. Genauer liegt hier vor nicht ein Vertrag des Vertreters für den Vertretenen mit sich selbst wie beim Selbsteintrittsrecht des Kommissionärs, vielmehr ein Vertragsabschluss des Vertretenen durch den Vertreter mit sich selbst. Der Wille, Schuldner und Gläubiger zu werden, sind in derselben Person vorhanden. Allerdings käme in dieser Weise nach allgemeinen Grundsätzen des Vertragsrechtes kein Vertrag zu Stande. Bei jedem Vertrag aber ist das Wesentliche, dass zwei Interessen vorhanden sind, die verschieden sind, indem Jeder das haben will, was der andere zur Erreichung seiner Erfüllung zu geben Willens ist. Sobald also genügende Gewähr vorhanden ist, dass ein jedes dieser Interessen zur Geltung kommt, ist ein Vertrags-

---
[2]) RG. XVI, 396. 404.

abschluss als zulässig anzuerkennen. So ist es auch hier: das Interesse des Verkäufers indem er die Sache zum Verkauf bringt, ist Erzielung eines möglichst hohen Preises, das Interesse des Käufers, indem er die Sache zu kaufen sucht, ist Erzielung eines möglichst geringen Preises. Dass diese Interessen beide zur Geltung kommen, dafür ist gesorgt dadurch, dass der Verkauf durch eine amtlich bestellte Person geschieht, durch Beteiligung dritter Personen an der Versteigerung, durch das Vorhandensein eines Marktpreises, durch den Verkauf mittelst eines amtlich bestellten Handelsmäklers, durch das Requisit des laufenden Preises.

Anders liegt das Verhältnis, wenn der Verkäufer noch Eigentümer ist. Man möchte in diesem Falle den Ankauf durch den Verkäufer für unmöglich halten, weil der Kauf der eigenen Sache nichtig ist. Im allgemeinen wird dieser Satz richtig sein, weil weder der Wille zu verkaufen noch der Wille zu kaufen vorhanden sind. Nach l 14 § 3 D. 18. 2 hat der Eigentümer seine Sache gekauft, aber wie die lex ausdrücklich hinzufügt: per errorem. In l 40 pr. D. 13, 7 und l 39 pr. D. 18, 1 ist dem Pfandschuldner der Kauf der Pfandsache nicht gestattet, wie l 40 sagt, "cum rei suae nulla emptio sit". Aber in der zweiten Stelle sagt Julian: "quasi suae rei emptor"; dass es wirklich ganz dieselbe Sache sei, mag er — wie es scheint — wegen des selbstständigen Verkaufsrechts des Pfandgläubigers doch nicht behaupten. Was ist aber der Grund der Bestimmung? Zweck des Pfandverkaufs ist, den Gläubiger möglichst für seine Forderung zu decken, die ihm der Schuldner nicht zahlt. Fassen wir die Folgen ins Auge, die der Ankauf durch den Schuldner hätte: die pfandversicherte Forderung sei 100, der aus dem Pfand erzielbare Erlös 80. Kauft nun der Schuldner das Pfand, so hat der Gläubiger gegen ihn eine Forderung von 20, die durch kein Pfand gesichert ist. Hätte aber der Schuldner, anstatt den Gläubiger zum Verkauf zu zwingen, die 80 sofort gezahlt, so hätte der Gläubiger gegen ihn eine Forderung von 20, die durch ein Pfand gesichert wäre, da dasselbe für die **ganze** Schuld haftet. Offenbar also soll durch das Verbot des Ankaufs durch den Schuldner nur eine arglistige, den Gläubiger benachteiligende Handlungsweise ausgeschlossen werden.

Ganz anders liegt es bei dem Ankauf des Verkäufers im Selbsthilfeverkauf; man kann auch ihn hier nur als **quasi** suae rei emptor bezeichnen. Hauptzweck des Selbsthilfeverkaufs ist, dem Verkäufer — da wir es **nur** mit mora **accipiendi** zu thun haben — Erleichterung in der Aufbewahrung zu verschaffen, indem an Stelle der Ware die Geldsumme tritt. Dies wird ganz ebenso erreicht, wenn der Verkäufer die Sache kauft, wie wenn ein Dritter sie erwürbe. Es liegt also kein Grund vor, den Ankauf zu verbieten.

Auch der säumige Käufer selbst kann, wie gesagt, bei Ausübung des Selbsthilfeverkaufs die Ware kaufen. War er vor dem Selbsthilfeverkauf noch nicht Eigentümer, dann liegt ein wahrer Kauf vor. Ist aber vor dem Selbsthilfeverkauf der säumige Käufer bereits Eigentümer geworden, so ist das Verhältnis ganz ähnlich, wie oben: ein zulässiger Fall des Kaufs der — quasi — eigenen Sache. Hier muss derselbe um so eher zulässig sein, da selbst theoretisch Schwierigkeiten wegen des Vertragsabschlusses zwischen dem den Verkäufer vertretenden Beamten und dem säumigen Käufer nicht vorhanden sind.

Durch den Selbsthilfeverkauf überträgt der Verkäufer Eigentum. Die Versteigerung ist kein besonderes Rechtsgeschäft,[3] für welches besondere Grundsätze zur Anwendung kämen — was in unserem Falle schon daraus erfolgt, dass der Selbsthilfeverkauf an Stelle des römischen vendere bona fide trat. Es liegt also ein Veräusserungsgeschäft vor, auf welches die Grundsätze vom Kauf Anwendung erleiden. Auf alle Fälle muss der Verkäufer dem neuen Käufer für Eviktion einstehen.

---

[3] **Regelsberger**, civilrechtl. Erörterungen § 31.

Die Annahme von Anschütz (S. 277. XI), der auf Grund des art. 343 vorgenommene Verkauf sei ein Handelsgeschäft des Verkäufers, ist nur dann richtig, wenn der Verkäufer Kaufmann ist; in diesem Falle ist die Veräusserung Hilfshandelsgeschäft gemäss art. 273. Sonst ist sie kein Handelsgeschäft.

Die Regel ist, dass der Ersteher des Kaufgegenstandes den Preis sofort baar zahlt. Auf Herausgabe dieses Erlöses hat dann der säumige Käufer einen obligatorischen Anspruch gegen den Verkäufer, auch wenn der im Selbsthilfeverkauf erzielte Preis höher sein sollte, als der ursprüngliche Kaufpreis, der mit dem säumigen Käufer vereinbart war. Der Verkäufer kann aber den Kaufpreis auch deponieren, und er befreit sich damit von aller Haftung.

Gegen den neuen Käufer aber, falls der Versteigerungspreis kreditiert ist, hat der säumige Käufer keinen direkten Anspruch, er kann in diesem Falle nur den Verkäufer auf Cession von dessen Klagen belangen.[4]

Der Selbsthilfeverkauf geschieht auf Gefahr des säumigen Käufers, so z. B. trägt er den Verlust, wenn kreditiertes Steiggeld nicht eingeht.[5]

Da der Verkäufer für Rechnung des säumigen Käufers gehandelt hat, so muss er demselben auf Verlangen Rechnung legen; am besten wird er dieselbe mit der Anzeige von dem vollzogenen Verkauf[6] verbinden.

§ 20.
Folgen des nicht formgerechten Selbsthilfeverkaufs.

Die Formvorschriften des art. 343 müssen beim Selbsthilfeverkauf eingehalten werden.[1] Eine Verletzung derselben kann in Vornahme eines Privatverkaufs liegen, in Ausschluss

---

[4] Anschütz S. 278. XI. v. Hahn S. 277. § 18.
[5] v. Hahn S. 276. § 16.
[6] Dass dem Verkäufer die Anzeige nicht unbedingt obliegt s. oben (§ 15 zu Note 26).

§ 20. [1] v. Hahn S. 273 § 9. ROHG. XIV, 292.

der Öffentlichkeit bei der Versteigerung, im Verkauf der Ware durch einen Handelsmäkler, ohne dass dieselbe einen Marktpreis hat, in Verkauf an einen Handelsmäkler,[2]) in Verkauf durch einen nicht öffentlich autorisierten Beamten,[3]) in Verkauf nur eines Teils der Ware, obwohl sonst nach den Vorschriften des art. 343,[4]) in Unterlassung der Androhung, Verkauf vor Ablauf der in der Androhung gesetzten Frist,[5]) endlich in Gewährung einer zu kurzen Frist. Kein Mangel ist dagegen der Verkauf unter dem laufenden Preis, zumal präsumiert wird, dass der Handelsmäkler zum laufenden Preis verkauft habe.[6]) Ist aber die Einhaltung jener Formvorschriften unmöglich — was wohl selten der Fall sein wird —, so muss der Selbsthilfeverkauf unterbleiben.[7])

Die Folge eines nicht formgerechten Verkaufs ist die, dass derselbe nicht als für Rechnung des säumigen Käufers vorgenommen gilt.[8]) Der Verkäufer wird dem säumigen Käufer hierdurch ersatzpflichtig. War der Kauf ein Genuskauf, so ist der mangelhafte Selbsthilfeverkauf eine Thatsache, welche das Schuldverhältnis zwischen Käufer und Verkäufer in keiner Weise berührt. Ist der Verkauf aber ein Specieskauf, so wird der Verkäufer dem säumigen Käufer zum Ersatz des Interesses verpflichtet. Es ist dann so zu halten, als hätte der Verkäufer schuldhafter Weise die Erfüllung vereitelt.

Unter Umständen könnte man allerdings in dem Verkauf, wenn er auch nicht unter Einhaltung der Formvorschriften geschah, eine unbeauftragte Geschäftsführung für den säumigen Käufer erblicken, die also den Käufer zwingen

---

[2]) ROHG. VIII, 262.
[3]) ROHG. XIV, 335.
[4]) ROHG. XXI, No. 74. S. 237.
[5]) Anschütz S. 276. IX.
[6]) ROHG. VII, 66 ff.
[7]) v. Hahn S. 273 § 9 zu Note 16. ROHG. XIII, 60.
[8]) ROHG. VII, 407. XII, 174. XIII, 60. XIV, 57.

würde, den Verkauf als für sich vorgenommen anzuerkennen.[9]) Dies muss aber nach Lage des einzelnen Falles beurteilt werden, ein allgemeines Prinzip, wonach stets unstatthafter Selbsthilfeverkauf als negotiorum gestio aufzufassen wäre, würde unrichtig sein.[10])

Ein nicht formgerechter Selbsthilfeverkauf kann im Allgemeinen nicht die Folge haben, dass der Verkäufer nun das Wahlrecht des art. 343 verliert[11]); denn der Verkauf gilt — was das Verhältnis zwischen Verkäufer und säumigem Käufer anbetrifft — als nicht geschehen. Es müssten also auch die Rechte des Verkäufers noch dieselben sein wie bei Eintritt des Annahmeverzugs. Indessen beim Specieskauf ist dies nicht der Fall, denn hier ist durch den Verkauf der Species und den Eigentumsübergang auf den neuen Käufer die Erfüllung subjektiv unmöglich geworden.

Die Formvorschriften sind so absoluter Natur, dass nicht einmal dann ein Privatverkauf als Selbsthilfeverkauf gelten könnte, wenn sich der Verkäufer zum Beweise erbietet, dass der Privatverkauf vorteilhafter gewesen sei oder dass der denkbar höchste Preis erzielt worden sei.[12]) Da der Verkäufer beim Verkauf doch auch sein eigenes Interesse zu wahren hat, müsste ein solcher Verkauf an Stelle des Selbsthilfeverkaufs eigentlich zugelassen werden. Der Grund, dass dies nicht geschieht, mag darin liegen, dass durch den Beweis der Vorteilhaftigkeit die durch den Selbsthilfeverkauf erzielte rasche Erledigung gehindert und illusorisch gemacht werden würde, und dass ein einziger Zweckmässigkeitgrund nicht genügend erscheint, um das streng formelle Prinzip des art. 343 zu durchbrechen.

Die strenge Durchführung des eben erwähnten Prinzips zeigt sich auch darin, dass die Mangelhaftigkeit eines Selbst-

---

[9]) Puchelt II, S. 235. ROHG. XII, 132. 176/177. RG. I, 358.
[10]) ROHG. XIII, 59. 60.
[11]) ROHG. XXIII, 83. 84.
[12]) ROHG. VII, 407/408. XIX, 92.

hilfeverkaufs nicht dadurch ausgeglichen wird, dass der säumige Käufer bei der Auktion zugegen war, ohne Einspruch zu erheben,[13]) selbst nicht dadurch, dass er mitbot und vielleicht sogar die Ware ersteigerte.[14]) Der Käufer hat kein Recht, aber auch keine Pflicht sich in den Selbsthilfeverkauf zu mischen.[15]) Stets bleibt ihm das Recht, die Mängel des Selbsthilfeverkaufs zu rügen.

Nur in dem Falle ist das Nichteinhalten der Vorschriften des art. 343 kein Mangel, wenn Verkäufer und säumiger Käufer durch Vereinbarung die Vorschriften des art. 343 ausgeschlossen haben,[16]) denn der Artikel enthält ius dispositivum.

§ 21.
Anwendbarkeit der nach Handelsrecht zustehenden Rechte.

Allgemein wird anerkannt, dass das durch art. 343 Abs. 2 gewährte Depositionsrecht und das Recht des Selbsthilfeverkaufs bei mora accipiendi des Käufers dem Verkäufer nach freier Wahl zustehen.[1])

Die dem Verkäufer zustehende Klage auf Abnahme wird indessen häufig nur subsidiär zugelassen.[2]) Gemäss § 8 und 11 müssen aber wir dieselbe ohne weiteres für gleichmässig zulässig erklären wie die anderen Rechte aus art. 343. Es bestehen also nach Handelsrecht nebeneinander und können je nach Belieben ausgeübt werden: das Recht zur Deposition, das Recht zum Selbsthilfeverkauf und die Klage auf Abnahme.[3]) Aber diese drei Rechte stehen auch

---

[13]) ROHG. XIX, 92/93. XX, 24.
[14]) ROHG. XIX, 91.
[15]) RG. bei Gruchot Bd. 28. S. 1066.
[16]) ROHG. XIX, 92.
§ 21. [1]) Thöl, Handelsrecht § 268. S. 876. v. Hahn S. 272. § 7. ROHG. XII, 57.
[2]) ROHG. VII, 357. RG. V, 393.
[3]) So Gareis, Handelsrecht S. 423. § 59. V. 2.

nur elektiv zu, so dass der Verkäufer, wenn er die Klage gegen den Käufer angestellt hat, nicht mehr den Selbsthilfeverkauf vornehmen darf.

Riesser (Revision II § 26 S. 415) ist der Meinung, dass „der Abs. 2 und 3 des art. 343 HGB. (öffentliche Hinterlegung und öffentlicher Verkauf des Kaufobjekts bei Empfangnahmeverzug des Käufers) durch die §§ 272. 278 ff. des Entwurfs eines bürgerlichen Gesetzbuchs überflüssig würden". Die Rechte nach dem Entwurf (s. oben § 10) sind aber wesentlich verschieden von denen des Handelsgesetzbuchs: die Befugnisse aus dem letzteren stehen wahlweise zur Verfügung, nach dem Entwurf ist aber dadurch, dass die Kaufgegenstände — ausser Wertpapieren — reichsgesetzlich als zur öffentlichen Deposition nicht geeignet erklärt sind, stets der öffentliche Selbsthilfeverkauf und die Klage das einzige Mittel. Die Deposition könnte nur dazu benutzt werden, den Erlös des Selbsthilfeverkaufs zu hinterlegen. Im Entwurf ist auch die Deposition bei einem Dritten ausgeschlossen. Es scheint, als ob Riesser die Regelung im Entwurf nur für die praktische Gestaltung der Rechte aus dem Handelsgesetzbuch hielte: und in der That kommen im praktischen Leben die nach Handelsgesetzbuch zustehenden Rechte nur in der vom Entwurf vorgeschriebenen Weise zur Anwendung, so dass Riessers Auffassung richtig sein dürfte.

C. Schluss.

§ 22.
Vergleich zwischen gemeinem und Handelsrecht.

Vergleichen wir die in § 9 und § 21 gewonnenen Resultate, so ergiebt sich:

Es stimmen Handelsrecht und gemeines Recht darin überein, dass dem Verkäufer bei Annahmeverzug des Käufers das Recht zur Deposition und zur Klage auf Abnahme zustehen. In Bezug auf den Depositionsort allerdings besteht zwischen gemeinem und Handelsrecht eine Verschiedenheit (s. oben § 6 zu Note 14 u. § 13).

Sie unterscheiden sich in zwei Punkten:

1) darin, dass das Verkaufsrecht nach gemeinem Recht nur subsidiär zusteht, wenn Deposition unmöglich ist, während nach Handelsrecht das Verkaufsrecht ein prinzipales Recht ist, ja sogar das am meisten entwickelte und angewendete.

2) darin, dass im gemeinen Recht höchst subsidiär d. h. wenn Deposition und Verkauf unthunlich sind, dem Verkäufer ein Preisgebungsrecht zusteht, während nach Handelsrecht der Verkäufer ein solches niemals hat.

Das bürgerliche Gesetzbuch will (vgl. § 10. § 21 a. E.) auch diese beiden Unterschiede beseitigen, infolgedessen wird dann die Rechtsstellung des Verkäufers bei mora accipiendi des Käufers im gemeinen und im Handelsrecht nicht mehr verschieden sein.